Os Meninos e a Rua

Uma interpelação à Psicanálise

Tânia Ferreira

Os Meninos
e a Rua

Uma interpelação à Psicanálise

1ª edição
1ª reimpressão

autêntica

Copyright © 2001 Tânia Ferreira
Copyright desta edição © 2024 Autêntica Editora

Todos os direitos reservados pela Autêntica Editora Ltda. Nenhuma parte desta publicação poderá ser reproduzida, seja por meios mecânicos, eletrônicos, seja via cópia xerográfica, sem a autorização prévia da Editora.

EDITORA RESPONSÁVEL
Rejane Dias

REVISÃO
Erick Ramalho

CAPA
Jairo Alvarenga Fonseca

DIAGRAMAÇÃO
Luiz Gustavo Maia

FOTOS
Mara Mércia da Fonseca

Dados Internacionais de Catalogação na Publicação (CIP)
Câmara Brasileira do Livro, SP, Brasil

Ferreira, Tânia
   Os meninos e a rua : uma interpelação à psicanálise / Tânia Ferreira. -- 1. ed.; 1. reimp. -- Belo Horizonte, MG : Autêntica Editora, 2024.

   ISBN 978-85-7526-014-2

   1. Crianças e adolescentes em situação de rua - Brasil 2. Psicanálise 3. Psicologia social I. Título.

24-241266   CDD-150.195

Índices para catálogo sistemático:
   1. Psicanálise 150.195

Aline Graziele Benitez - Bibliotecária - CRB-1/3129

Belo Horizonte
Rua Carlos Turner, 420
Silveira . 31140-520
Belo Horizonte . MG
Tel.: (55 31) 3465 4500

São Paulo
Av. Paulista, 2.073 . Conjunto Nacional
Horsa I . Salas 404-406 . Bela Vista
01311-940 . São Paulo . SP
Tel.: (55 11) 3034 4468

www.grupoautentica.com.br
SAC: atendimentoleitor@grupoautentica.com.br

Agradeço à Mara Mércia Fonseca, que, com seu trabalho
fotográfico, vem tratando as questões brasileiras. Ao professor
José Moreira e Oscar Cirino, primeiros leitores.
À Escola de Saúde do Estado de Minas Gerais – ESMIG.
A Maria Mercedes Merry Brito que cuidou da 1ª publicação
deste trabalho, nos Cadernos FHEMIG,
antes de se transformar nesse livro
À Eliane Marta Teixeira Lopes, que leu atentamente
os originais, e à Arlete Diniz Campolina, pela
sustentação do trabalho de escritura.

Dedico este livro a
José Pedro e a Ceci Antunes..

"Se o leitor buscar aqui matéria de ensino, estará frustrado. Trago o que se escreveu em mim mesmo, a partir de uma práxis."

Roland Barthes

Sumário

Prefácio 13
Apresentação 15
Introdução 21
A rua, um vazio sem borda ou a instituição dos excluídos 29
Meninos na rua – Meninos e a rua 39
    Os meninos trabalhadores (ou meninos na rua) 41
    Os meninos e a rua – Especificidades de uma trajetória 45
Família – Esteio do fenômeno
"meninos de rua"? 55
O tabuleiro do jogo – O corpo 63
A adulteração do nome 71
Uma língua amordaçada 79
Bando e grupo – Uma distinção necessária 83
Os impasses e os passos da assistência – Repensando os
modelos de atendimento 93
    Entre as montanhas de Minas – a assistência à saúde mental 100
    Demanda social e clínica, uma conjunção irrealizável? 104
    No princípio não era o verbo... 105
    A rua que mora nos meninos... 112
Referências bibliográficas 119
Bibliografia 123

Prefácio

O longo convívio com os meninos que vivem nas ruas, a participação nos programas de atendimento, a acuidade de escuta, permitiram a Tânia Ferreira interrogar-se sobre os fundamentos que norteiam a política dos encaminhamentos nos planos psicológico, social, educativo e jurídico. Através do saber da psicanálise, ela tece algumas formulações sobre este fenômeno que assola tanto a vida dessas crianças e adolescentes quanto dos cidadãos.

Este livro torna-se um ato político, na medida em que se desloca a abordagem da questão, tomada pelos parâmetros assistencial e correcional, para o âmbito da saúde mental.

Vindo de lares caóticos, sofrendo todo tipo de transgressão de pais loucos e perversos, sem possibilidade de acesso aos bens da sociedade e da cultura, marcados pelo uso e abuso da lei grotesca do gozo, estes sujeitos encontraram, no anonimato cruel das ruas, a saída para poderem existir.

A proposta é considerar essa escolha como uma escolha forçada. Uma resposta do sujeito o qual poderá tornar-se uma saída temporária, desde que sejam construídas e oferecidas outras vias que não sejam repressoras e excludentes. Essa nova abordagem tem consistência que implica a noção de sujeito. Enquanto ser falante, traz no discurso as marcas significantes de sua subjetividade, para quem sabe ouvi-las e dizê-las. Fazer emergir essas marcas tem como consequência uma nova borda do real que se presentificou até então pelo horror, pela angústia e pela violência.

A partir do saber da psicanálise, a autora vai elaborando passo a passo temas que circunscrevem a estruturação do fenômeno "os meninos e a rua". A rua como o deslocamento da violência traumática da cena familiar. O bando na função de "bolha protetora" no deserto do outro impessoal, estranho, pluralizado, transitando as ruas da cidade. O corpo inscrito na devastação dos furos, dos cortes que dilaceram, nas marcas das tatuagens, nos colares que fecham o corpo aberto ao excesso. A troca de nomes, a criação de uma língua própria, indecifrável além do bando, o roubo ou o furto do valor que nunca recebeu do outro, a morte da violência pela violência, são outros temas trabalhados.

São articulações que podem servir tanto como contribuição aos profissionais envolvidos no tratamento da questão – estabelecendo princípios e critérios para os diagnósticos e encaminhamentos – quanto como fundamentos para interrogar sobre a incidência de fracassos nas formas de condução, dentre as quais o mais significativo é determinado pela resistência, quase intransponível por parte de alguns, em abandonar a rua.

Esta escrita torna-se, portanto, um convite à interlocução. Como educadores, psicólogos, psicanalistas, assistentes sociais, autoridades públicas e jurídicas, confrontados com a complexidade e gravidade do problema, podem compartilhar a responsabilidade ética de dar direção, encaminhar, elucidar os impasses e encontrar possíveis soluções?

Arlete Diniz Campolina

Apresentação

Este livro nasceu de anotações que se estabeleceram a partir de interlocuções permanentes com vários colegas com quem pude fazer um percurso de trabalho, ao longo de muitos anos.[1] As primeiras propostas de trabalho junto à população de rua foram sustentadas naquela ocasião pela Ação Social Arquidiocesana – ASA.[2]

Nos meados da década de oitenta e início dos anos noventa, tive os primeiros contatos com os meninos e meninas que vivem nas ruas, através da participação na Pastoral de Rua, da Arquidiocese de Belo Horizonte. Em seguida, participei do "Diagnóstico da realidade" dos então chamados "irresidentes"[3] proposto pela FEBEM/MG. Uma equipe[4] foi designada para estar nos pontos de fixação ou de concentração dos meninos na rua – fliperamas, praças, viadutos, casarões abandonados, portas de restaurantes, hotéis, nas proximidades de linhas de trens, dentre outros – para diagnosticar a situação e delinear ações de assistência.

Perplexos com a situação daquelas crianças e adolescentes, propusemos um primeiro nível de atendimento, no então conhecido

---

[1] João Batista, Neuza Lima, Maria de Fátima Pereira de Roy, Rosane Aquino. Nenuca Csastellveck e Maria de Fátima Pereira (*in memoriam*).

[2] Através de Dom Serafim Fernandes de Araújo, Ivone Faria, Eunice Vilela e Maria Rita.

[3] Era a denominação dada pela FEBEM aos meninos e meninas que contavam com até 200 entradas e fugas num curto espaço de tempo no Setor de Triagem daquela instituição, refratários a qualquer tipo de abordagem.

[4] Esta equipe era composta de técnicos da FEBEM e de ONG'S – Associação Profissionalizante do Menor – ASSPROM,: Centro Salesiano do Menor – CESAM, Fundo Cristão para Crianças foi proposta pelo Prof. Antonio Carlos Gomes da Costa então Presidente da FEBEM/MG.

"Campo do Lazer", frequentado pela classe média de Belo Horizonte, que, não suportando a convivência com os bandos de meninos, forçou a saída do Programa Alternativo de atendimento daquele local.

Nossa inexperiência e, porque não dizer, nosso fascínio com aquela maneira tão extravagante de viver que nos cegava e ensurdecia, fazendo com que confrontássemos a comunidade à "loucura" atuada pelos meninos e meninas que reproduziam, ali, seu modo de viver na rua, causando espanto, medo e mal-estar nos frequentadores do Campo do Lazer – fato que só compreendemos depois.

Posteriormente gerenciei, dentre outros, o Programa da Comunidade Educativa – Casa da Rua Ubá, primeiro Programa da FEBEM em "meio aberto" destinado aos "meninos e meninas de rua".

O contato com os "meninos e meninas de rua" deixou-me por anos a fio, tomada de estranheza e de perplexidade, até que pude falar dele com outros psicólogos e educadores na *Comissão Local de Belo Horizonte*[5] e nos Seminários-estágios promovidos pelo "Projeto Alternativas de atendimento aos meninos e meninas de rua" –, depois transformado em Movimento Nacional – realizados em diversos Estados brasileiros e também com educadores e dirigentes institucionais de vários países da América Latina, México e do Caribe.

Mais tarde, escrevi a primeira versão deste texto como resultado da conclusão do Curso de Saúde Mental da Escola de Saúde de Minas Gerais[6] – ESMIG. Ali, tive interlocuções[7] precisas que, junto às de outros colegas psicanalistas,[8] possibilitaram a elaboração do primeiro escrito sobre o tema.

O Centro Psicopedagógico – CPP publicou a primeira elaboração do texto no Fascículo FHEMIG. Naquela ocasião, fazer circular o texto através da Fundação Hospitalar do Estado de Minas Gerais – FHEMIG – teve um sentido especial. Tratou-se de retirar a questão "meninos de rua" de sua inscrição histórica no rol dos problemas

---

[5] A Comissão Local de Belo Horizonte do Movimento Nacional Meninos e Meninas de Rua composta por Luzia Lamounier, Eneide, Maurício, Maria do Rosário, Madalena e outros técnicos e educadores.

[6] O curso de Saúde Mental era coordenado por Wellerson Durães Alkmim e Cláudia Maria Generoso. A monografia, produto final do trabalho, foi supervisionada por Ana Marta Lobosque de Oliveira. A publicação no Caderno FHEMIG foi planejada e coordenada por Maria Mercedes Merry Brito

[7] Mauro Cordeiro, Max Moreira, Wellerson Alkmim e outros.

[8] Célio Garcia, Oscar Cirino, Maria Mercedes Merry Brito, Betty Milan.

policiais, jurídicos ou de desenvolvimento social, para colocá-lo no âmbito da saúde, perguntar sobre ele do campo da saúde mental. O que significou um ato político.

Quando o Centro Psicopedagógico da FHEMIG[9] possibilitou a publicação da primeira versão deste texto, tomou para si a responsabilidade de pensar mais detidamente a questão "meninos de rua" e o atendimento a eles no campo da Saúde Mental, enquanto instituição que responde pela assistência à infância e adolescência no Estado de Minas Gerais. Se, antes, essas crianças e adolescentes e as questões que sua trajetória/história encerram ficavam fora do registro e das políticas de assistência à Saúde Mental, demos, assim, um passo a mais. Os últimos dois concursos para psicólogos da Secretaria Municipal de Saúde da Prefeitura de Belo Horizonte tomaram este tema e aquele texto como matéria das provas – sinal de que estas crianças e adolescentes entraram nas políticas de assistência e atenção à saúde.

A decisão de reescrever este texto para uma nova edição não foi fácil. A primeira versão – o Fascículo FHEMIG publicado em 1993 – já havia circulado amplamente. No entanto, a repercussão que o texto causou trouxe-me surpresas, alegrias, e também muitas indagações novas advindas da interlocução com os leitores e da minha própria reflexão sobre o que eu havia escrito, o que me relançou ao trabalho de tratar questões teóricas antes esboçadas.

Perguntei-me se estava autorizada a trazer o tema de novo, depois de quase cinco anos sem contato direto com os meninos e meninas que vivem nas ruas e com os Programas de Atenção a eles dirigidos. Questão que foi perdendo a consistência à medida que me deparava, enquanto cidadã, com as crianças e adolescentes ainda perambulando pelas ruas, trôpegas pelo efeito das drogas, marcadas no corpo e no semblante pelo abandono e angústia que elas atuam permanentemente, a despeito de estarmos vivendo um novo século e um novo milênio. Enquanto psicanalista, é uma exigência ética possibilitar que a psicanálise traga seu modo de pensar e tratar às questões brasileiras.

Este livro, portanto, é o diálogo com uma experiência num determinado tempo. Em alguns momentos pode apresentar defasagem em relação à situação atual dos meninos e da assistência em

---

[9] Através de seu então diretor, o psicólogo Francisco Viana.

Belo Horizonte, sobretudo porque novos fatos se acrescentam a cada dia numa vivência tão nova para os educadores e para os profissionais da saúde mental.

Desde seu título, este texto evoca uma série de dificuldades e indagações que poderiam me fazer recuar. Sustentar o desejo de mantê-lo não dá a garantia de um percurso capaz de elucidá-las, tampouco, algumas vezes, de contorná-las. Entretanto, me permitirá trazê-las aqui, formalizá-las. Colocar o trabalho em movimento, provocar um movimento de trabalho. Fazer pulsar questões.

A experiência que se adquire no contato com os chamados "meninos de rua" nos seus locais de fixação em meio à dispersão, imprevisibilidade e violência da rua, ou nas frestas das instituições, provoca uma estranheza quase sintomática. Horror e fascínio se misturam e o saber produzido, atravessado nessa experiência, é um saber tomado por um amontoado de sensações, impressões, surpresas, que traduzem o encontro com o desamparo em que vivem essas crianças e adolescentes. Assim, o conhecimento é extraviado no seu modo de produção, nos momentos extremos de confronto com uma realidade bruta, completamente estranha, sinistra, exótica. Como extrair dessa extravagância, desse excesso, uma estrutura a formalizar?

Quando se trata de elaborar essa estrutura, fazê-la operar ou simplesmente falar dela, algo escapa à mestria. Vimo-nos debatendo com a indefinição embaraçosa de um campo para inscrever essa experiência. O texto conta com as dificuldades próprias da inexistência de um campo teórico no qual inscrever as questões do sujeito e do social. O que acabou se colocando como um impasse desde os primeiros momentos da escritura do texto e se manteve até sua conclusão. Mais do que fechar questões, este livro quer suscitá-las e se constituir num convite ao trabalho.

O estranhamento experimentado no contato com estas crianças e adolescentes ganha seu advento nessa denominação – meninos, para esses viventes extravagantes, donos de seus destinos, cujo modo de organização para a sobrevivência assusta e interpela, exigindo de nós uma escuta. Foi nesta perspectiva, de uma escuta, que me coloquei a trabalho.

Se discuto as especificidades da trajetória destas crianças e adolescentes é justamente para demarcar aí as diferenças e dizer que são crianças e adolescentes iguais a todas as crianças e adolescentes.

Sabemos que as portas da Candelária estavam fechadas na hora do massacre... O país dormia... A cidade dormia... Necessitamos manter despertados as Candelárias, os gabinetes, os centros públicos de saúde, educação, desenvolvimento social, lazer, cultura... Que este sonho não prolongue o sono. Que o real atravessado aí, faça o despertar... abrindo as portas.

Introdução

Este livro quer discutir, numa constante interlocução com a psicanálise, a trajetória específica destas crianças e adolescentes a qual produz uma série de inversões: a rua como casa; a ausência de uma rotina e a presença de uma cotidianidade extraordinária; o bando, em detrimento do grupo; a língua, amordaçada, falada entre os iguais sem chegar a constituir-se numa subversão do código; o laço social fundado na agressividade e na violência. Enfim, os efeitos dessa trajetória que marcam o corpo e a vida dessas crianças e adolescentes e que, indubitavelmente, deixam traços na sua constituição subjetiva.

Não sabemos em que medida tal trajetória tem o consentimento do sujeito, mas sabemos que não é sem efeito na sua posição subjetiva. A ida para a rua, quase sempre provocada pela miséria material ou pelo fracasso da provisão libidinal, será sempre uma *resposta do sujeito*. Pensado de outra maneira, ao sujeito não caberia outro lugar, outro destino, pois tomaríamos essa saída como determinante do sujeito e não como uma saída ética – uma saída sintomática –, mas uma saída ética que não é definitiva. Esta é minha aposta. O livro convida ao resgate da subjetividade que a psicanálise vem possibilitar, subjetividade perdida nos escombros da violência da rua.

Os meninos e meninas são muitas vezes ouvidos, mas raramente escutados. Este livro nasceu da escuta e só tem seu valor à medida em que é um chamado à escuta. Nos volteios da trajetória-história lida e contada aqui, nos entremeios do texto – talvez seja isso que importe mais – está a palavra destes meninos, para seguir sendo escutada, pois o sujeito é criado no fio de sua palavra escutada, uma vez que a escuta põe em ato o desejo...

Pensada essa trajetória, nosso dever ético impõe considerar os impasses da assistência a essas crianças e adolescentes, durante muitos anos excluídos dos vários níveis de atenção da Rede Pública de Atendimento, tomadas pelos chamados "Programas Alternativos", ainda cultivados em vários Estados brasileiros. Se atualmente, em Belo Horizonte, podemos dizer que há uma política pública municipal dirigida aos meninos com trajetória de rua, nascida e sustentada nos governos da *frente popular*, que mudou significativamente a vida destes, algo ainda nos interpela. Crianças e adolescentes que passaram pelos Programas de Assistência fazem seu retorno à rua, muitas vezes como "jovens adultos", trazendo para as ruas outra geração de crianças, na repetição de sua história. Outros, ainda, permanecem refratários a qualquer tipo de proposta de saída da rua.

Torna-se urgente perguntarmo-nos sobre esse acontecimento do retorno a rua, posto que ele interroga se há ainda uma incapacidade política, filosófica e, porque não dizer, conceitual, em transformar essa situação que se perpetua.

Não quero dar ao livro um tom de denúncia ou apontar os "defeitos" do atendimento, também no que se refere à saúde mental, ponto de meu interesse, mas colaborar para a reflexão e debate, destacando alguns indicadores que poderiam contribuir para alterar a trajetória da política de atendimento e, com ela, a trajetória dessas crianças e adolescentes.

Uma breve análise da história dos modelos de atendimento a esses meninos permite aproximarmo-nos das razões que causaram sua exclusão, durante muitos anos, dos serviços de assistência. E hoje, por haver tantos Programas específicos para esses meninos, podermos nos perguntar se não se trata ainda de uma *exclusão às avessas*. Perguntarmo-nos sobre os riscos de sermos capturados na Rede de atendimento que ganha cada vez mais consistência. Um Programa para "menino de rua", fundado nos "traços" da trajetória deste menino, não viria perpetuar a tirania deste significante? Todos serão atendidos, desde que sejam "de rua". Se deixarem de ser, não terão mais lugar ali, junto àqueles com os quais conseguiu fazer um laço afetivo. Se todos são de rua, já não se pergunta mais o que é ser "um". O significante "menino de rua" marca o corpo e a história dessas crianças e adolescentes, perpetuando sua condição. Nesse significante cravado no corpo estão presos, pois nele creem.

E ainda, trabalhar nossa questão fundamental: seriam os meninos de rua objeto de atenção da saúde mental? Como definir as razões de uma intervenção na questão "meninos de rua", seu alcance e seu limite? O que nos traz um complicador a mais, já que é do campo da psicanálise que desejo partir para realizar essa interlocução.

Sabemos que saúde mental e psicanálise são dois campos distintos, embora possa haver entre eles alguns pontos de enlace. Não obstante, existe aí um certo estranhamento que não podemos negligenciar. Superá-lo ou propor encobrir-lhe com soluções fáceis não deixa de ser problemático. Manter esse estranhamento parece se constituir no melhor caminho.

Não se trata de abrirmos aqui um debate exaustivo sobre essa questão pertinente, mas polêmica, do campo da saúde mental. No entanto, alguns pontos devem ser assinalados.

A noção de saúde mental circunscreve um vasto campo de expectativas que abrangem várias formulações: síntese, satisfação, harmonia, eficácia, felicidade... correspondentes à crença no "eu", na formação de sistemas, que coloca todo material da percepção e da consciência, na perspectiva da unidade e inteligibilidade. O que para a psicanálise é colocado no registro do ideal. Reconhece-se aí, nessas formulações, a tentativa de transformar fraturas, hiâncias e incoerências em unificação. Esse movimento operaria tentando tapar com "retalhos e farrapos" as gretas de um aparelho psíquico constituído em uma dimensão estrutural de falta, de ruptura, de cisão, tal como Freud o definiu (CABRAL & PAULUCCI, 1989).

São endereçados à saúde mental os indivíduos que promovem uma certa perturbação social: loucos, toxicômanos, alcoolistas e os "meninos de rua". O pedido é de uma intervenção no plural e a expectativa é de uma "reinserção desses indivíduos no social". Desse modo, pode haver um entrelaçamento entre o discurso que contempla o controle social e o campo da saúde mental. Mais que uma dependência histórica, uma solidariedade de estrutura. O que se busca é o equilíbrio, o bem-estar, a supressão do mal-estar, do impossível de suportar.

A psicanálise não busca aquiescer os valores ideais dos quais é tributário o conceito de saúde mental. A psicanálise traz uma aposta no impossível e no sujeito, enquanto resposta do real. Aquilo que um psicanalista deve fazer pode não coincidir com o que dele se espera. Estamos, portanto, diante de duas éticas distintas. Prosseguiremos sustentando a tensão, como é preciso, entre elas, sem, contudo, desenlaçá-las.

Os Programas de Atendimento são, historicamente, de cunho pedagógico. Se a medicalização constituiu-se durante décadas na medida de tratamento do louco, a pedagogia parece ser a única saída possível quando se trata de crianças e adolescentes. Mais recentemente, fundados numa pedagogia que tenta uma contraposição aos modelos coercitivos instituídos pelo Estado ao longo de várias décadas. Desde os anos 70, circula o slogan: da correção à educação.

Para os projetos pedagógicos são convocados profissionais de saúde mental, que ganham todos, o estatuto de educadores sociais. Esses "educadores", contudo, são chamados a intervir frente aos fenômenos inerentes à vida dessas crianças e adolescentes: uso de drogas, problemas com furtos, contravenção às normas institucionais, formas de laços sociais, organização em bandos, agressividade, sexualidade precoce, dispersão no tempo etc. São os profissionais "psi" convocados para responder a essas questões, embora os objetivos desse trabalho não sejam facilmente identificáveis.

Tendo sua identidade profissional diluída nas ações pedagógicas, o estatuto desses profissionais vai pouco a pouco se obliterando e se inscrevendo no mesmo registro educativo, embora a expectativa seja de que alguma intervenção "específica" desses profissionais se concretize. Haveria uma possibilidade de uma "ação específica" desses profissionais junto aos meninos e a rua, diferenciada das ações dos educadores?

Sabemos que não se trata de promover uma "psicologização" em massa dessa "clientela", da universalização da assistência em saúde mental, tampouco de forjar uma psicologia do social. Qual seria o tom da resposta a ser dada por esses profissionais "psi", chamados a intervirem nesta questão?

Se a dimensão educativa não está excluída da ação do psicólogo, sua função não pode estar, porém, restrita a essa dimensão. No entanto, ainda misturados aos "educadores sociais", os psicólogos necessitam formalizar sua função, assim como os outros profissionais da saúde mental.

Poderíamos nos contentar em propor uma ação calcada nos modelos "adaptativos-repressivos" originários da psicologia americana, que teria como produto os sujeitos identificados ao ideal. Ação esta signatária do discurso de mestria. Contudo, a construção que cobiçamos se quer contrária a essas orientações e muito menos deseja contentar-se com adaptações grosseiras. Mesmo que não se explicite a função desses profissionais neste contexto, há uma demanda na dimensão da clínica.

Necessitamos inventar, sustentados por uma ética, uma outra razão para a intervenção neste terreno baldio da saúde mental, hoje ocupado pela pedagogia. Interessa-nos interpelar, com a psicanálise, o conceito de clínica. Poderíamos encontrar, no campo da clínica, um lugar possível para inscrever, de um lado, o mal-estar produzido pela cultura e, de outro lado, o sintoma – texto do sujeito? Poderíamos tomar esses traços, esse modo de organização, enfim, essa trajetória, como um fragmento clínico?

As atividades pedagógicas – ocupacionais, socializadoras, de geração de renda, iniciação profissional – que a maioria dos Programas de Atendimento vislumbram são perturbadas quando não inviabilizadas pelos "traços" dessa clientela que, tendo a rua como "casa", faz com que os espaços de atendimento passem a se constituir numa extensão da rua. Numa espécie de "conformação" do espaço, repetem as experiências da rua. Nenhuma linha imaginária para traçar esses confins... A rotina extraordinária que vive no seu dia a dia faz imprimir no trabalho uma estrutura de descontinuidade. O modo de organização, os "bandos" são ali reproduzidos e impossibilitam as atividades previstas para serem realizadas em grupos. Assim também é a relação com o corpo, os objetos, a linguagem. O espaço é sempre danificado, arrombado, destruído. Algo escapa ao planejamento... colocando em questão não apenas os "traços" dessa clientela, mas também os modelos de atendimento propostos. É nesse desenho que se poderia fazer um recorte do campo de ação da saúde mental.

Pelos "traços" dessa clientela têm-se justificado, ao longo dos anos, a criação e o desenvolvimento de políticas "compensatórias" que, ao instituírem "escolas especiais", programas especiais de "educação e assistência", "oficinas especiais", na tentativa de suprimir as lacunas no atendimento, não fazem mais do que reconhecer e admitir a exclusão dessas crianças e adolescentes pauperizados, da rede de educação, saúde, cultura e lazer, direito de todo cidadão – decretando a desigualdade. Não se trata, portanto, de criar modelos especiais de atenção, mas de considerar a diferença.

A diferença está posta pela trajetória/história dessas crianças. Estar no "olho da rua" denuncia a expulsão em seu estado mais bruto. Na rua, tudo se transforma e tudo se perde. A identidade... o nome, o rosto, a voz, o desejo. Manifestações clínicas daquilo que Lacan chamou de "afânise[1] do sujeito".

Cobiçar uma abordagem do sujeito é também o que nos coloca no campo da psicanálise. Desse modo, não se trata mais do "público a ser atendido" ... "público-alvo", nem do "objeto de intervenção", mas do sujeito que se produz como resposta do real. Tratar a questão dos meninos e a rua, escutá-la, é uma forma de presença da psicanálise na cultura.

A tessitura deste texto, de algum modo, se encarregará, senão de responder a algumas questões, de recolocá-las, a cada vez, de um modo novo. O texto encontra muitos desafios. O maior é o de não consentir que uma abordagem psicanalítica venha mascarar as questões político-sociais que determinam a miséria em que vivem essas crianças e adolescentes, apartadas, como dissemos, durante muitos anos, do processo de cidadania.

Não obstante, para quem experimenta o contato direto com esses meninos e meninas, fica a necessidade e, mais que isso, a exigência de organizar esse conhecimento bruto numa outra estrutura. É preciso, para isso, um desprendimento do emaranhado de impressões agudas que ficaram e das razões que solicitaram esse contato, para conformá-las à lógica, necessária, de uma teoria.

Aqui seguimos nos perguntando: em que paradigma sustentar que pela diferença e não pela discriminação; pelo rigor e não pela coerção; pela lei e não pela autoridade; serápossível inventar intervenções comprometidas com o acesso dessas crianças e adolescentes ao processo de cidadania?[2]

O leitor poderia perguntar-me: O que justifica dizer sobre crianças e adolescentes que vivem na rua? Por que mereceriam ser foco de uma discussão particularizada?

O que marca a diferença entre eles e os outros é a forma singular de lidar com o espaço público. Primeiro, convém pensar as questões

---

[1] Termo utilizado por Lacan para dizer do desaparecimento do sujeito no campo do Outro. In: LACAN, J. Seminário Livro 11, Os quatro Conceitos fundamentais da psicanálise, p. 207.

[2] FERREIRA, Tânia; GUIMARÃES, Maria Rita; BRITO, Maria Mercedes M. Projeto emergencial de Atendimento aos meninos e meninas de rua, Secretaria Municipal de Saúde da PBH, 1993, mimeo.

decorrentes disso para as crianças para, em seguida, pensá-las em relação aos adolescentes.

Hannah Arendt (1972) nos diz que a criança, por necessitar ser protegida do mundo, tem como lugar tradicional a família, cujos membros adultos retornam do mundo exterior e se recolhem à segurança da vida privada entre quatro paredes. Essas quatro paredes, entre as quais a vida familiar privada é vivida, funciona como um escudo contra o mundo e, sobretudo, contra o aspecto público do mundo. "Toda vez que esta é permanentemente exposta ao mundo sem a proteção da intimidade e da segurança, sua qualidade vital é destruída" (ARENDT, 1972, p. 236). Ela dá o exemplo de crianças de pais famosos que, às vezes, "não dão em boa coisa" na medida em que a fama penetra as quatro paredes e invade seu espaço privado, de tal maneira que as crianças não têm mais um lugar seguro onde possam crescer. Lobosque (1993) afirma que,

> para além da contraposição rua-casa, público ou privado, apontam para um déficit que a contabilidade do Édipo não inclui: a rua brasileira, o modo brasileiro de (des)considerar o espaço público, diz respeito às determinações econômicas e políticas de uma sociedade como a nossa.

O que percebemos é que, quanto mais a sociedade moderna rejeita a distinção entre aquilo que é público e o que é particular, entre o que pode vicejar de modo encoberto e o que pode ser exibido a todos à plena luz do mundo público ou, dito de outro modo, quanto mais ela introduz entre o público e o privado uma esfera social na qual o privado é transformado em público e vice-versa, mais difícil torna as coisas para todas as crianças (ARENDT, 1972, p. 238).

Assim, confrontar com a criança jogada no espaço público sem o aconchego da família assusta e interpela, acabando por levar a considerá-la só pela via da denegação ou, ainda, negligenciando sua condição a partir de seus atos de contravenção.

No que tange aos adolescentes, numa primeira visada, poderíamos pensar que o que faz a diferença são seus atos delinquentes. Ora, muitos autores tomam a delinquência como uma "patologia da adolescência" e da sociedade.

> *De-linquere... Linquere* é deixar algo, ou alguém no seu lugar e o *de* marca a separação, faz um destacamento. O delinquente é – contra a natureza própria das coisas, de retornar ao seu lugar (Aristóteles) – aquele que desaloja: que desaloja as coisas, que se

desaloja de seu lugar, do lugar que lhe é atribuído pela sociedade (RASSIAL, 1999, p. 55).

Outros autores veem os atos delinquentes como uma das "vicissitudes de uma travessia" (SILVA, 1999, p. 243). Este aspecto, presente na vida dos adolescentes que vivem na rua, não os torna diferentes dos outros. Aqui, também, trata-se de pensarmos o uso que eles fazem do espaço público, que aterroriza e traz mal-estar àqueles que, de dentro de suas casas, já temem a invasão e já não podem mais circular nas ruas sem medo.

O desafio é de ordem política, conceitual, técnica, mas essencialmente ética. O que se vislumbra é possibilitar a travessia da rua à "casa", do cotidiano extraordinário a uma cotidianidade na qual se possa modular o tempo, do "bando" ao grupo e essencialmente, do grupo ao sujeito.

Espero poder contribuir para que os Programas de Assistência possam considerar a diferença encerrada na trajetória desses meninos sem, contudo, consentir num tratamento desigual. Pois diferença não é desigualdade...

A RUA, UM VAZIO SEM BORDA OU A INSTITUIÇÃO DOS EXCLUÍDOS

"O homem encontra sua casa."
em um ponto situado no Outro,
mais além da imagem de que
estamos feitos e esse lugar
representa a ausência na qual
nos encontramos.

Jacques Lacan
(*Seminário A Angústia*)

Para os que trabalham com os meninos, a rua tem sido objeto de muita discussão e debate. Muitas vezes ela é pensada como uma "entidade" responsável pela situação na qual se encontram as crianças e adolescentes que fazem da rua seu lugar de "moradia".

Este modo de pensar leva a inúmeros equívocos, como o de querer "humanizar" a rua, torná-la aconchegante para o sujeito. Alguns Programas de Atendimento, fundados nessa perspectiva, propõem várias atividades que visam a transformar a rua, como se ela fosse o habitat natural dessas crianças e adolescentes. Algo como: "eu mandava ladrilhar...". Proposta romântica e descabida.

Interessa-me, aqui, propor uma breve interlocução com o leitor sobre a rua, enquanto *palco* e não enquanto *ator*. Palco que dá consistência à trajetória diferenciada destes meninos, provocada pela inversão básica: ter a rua como casa e, mais especialmente, enquanto um lugar que acolhe os efeitos de sujeito, que neste palco faz suas atuações.

No dicionário, rua é "via pública de circulação urbana, total ou parcialmente ladeada de casas; qualquer logradouro público que não seja casa, residência, local de trabalho."[1] Desse modo, está dita a oposição casa/rua na gramática social brasileira.

DaMatta (1991) dedica-se a pensar a Casa e a Rua como "categorias sociológicas" como conceitos, no sentido preciso de Durkheim e Mauss, que tentam trazer as noções através das quais uma sociedade pensa a si mesma e institui como seu código de ideias e valores, sua cosmologia e seu sistema de classificação das coisas do mundo e também para traduzir aquilo que a sociedade vive e faz. Quando então diz que "casa" e "rua" são categorias sociológicas para os brasileiros, DaMatta está afirmando que, entre nós, são palavras que não indicam apenas lugares, espaços geográficos, mas, acima de tudo, esferas de ação social, entidades morais, províncias éticas dotadas de positividade, domínios culturais institucionalizados e, por isso, capazes de despertar emoções, reações, leis, imagens, comportamentos (DAMATTA, 1991, p. 17).

Ainda segundo DaMatta, a oposição existente entre Casa e Rua não denota um contraste rígido e simples, na medida em que são termos que se apresentam como um par que é constituinte e constituído na própria dinâmica de sua relação. Há uma cultura da Casa e da Rua, de certo modo, antagônica. Na casa, as questões são tratadas sob um prisma familiar, doméstico, íntimo, pessoal, em oposição ao que teria lugar na rua – anônimo, impessoal, estranho. Essa demarcação de espaços impõe uma infinidade de mudanças: gestos, atitudes, vestuário, assuntos, papéis sociais.

"Casa" e "Rua", no pensar de DaMatta, não apenas separam contextos e configuram atitudes, mas ditam éticas particulares. Aprendemos muito cedo que certas atitudes só podem ser tomadas no aconchego da casa e, ali mesmo, há uma clara demarcação de espaços. Trocar esses espaços muitas vezes significa causar risos ou mal-estar, sinal de que há uma rigorosa gramática de espaços e, com isso, de ações. Limpamos a casa e sujamos a rua sem nenhuma cerimônia. Isso porque a rua trata o indivíduo como anônimo, desgarrado, sem voz. Assim, tudo que fica fora da casa é problema do "governo". A vergonha da desordem não é mais nossa. A rua é de ninguém, é pública, é impessoal.

Os sentimentos e moralidades presentes na rua são perigosos em casa, muitas vezes inoportunos, inconsequentes. Há um saber que

---

[1] FERREIRA, Aurélio Buarque. *Novo dicionário Aurélio*. Rio de Janeiro: Nova Fronteira, 1996.

se produz na rua, que muitas vezes é proibido em casa. "Isso você deve ter aprendido na rua..."

Algumas expressões exprimem a ligação dramática da casa com a rua: "já para a rua!", "vá para o olho da rua !", "A porta da rua é a serventia da casa!". A casa é um lugar especial, própria para o intimismo, o aconchego. Lugar ocupado por um grupo social que no Brasil é concebido como "natural". "O mundo lá fora" "As coisas lá fora..." "Roupa suja se lava em casa".

O simbolismo da casa é extremamente forte. De "casa" derivam-se as palavras "casal", "casamento", "acasalamento"... situações e atos relacionais, coerentes com nossa ideia de residência, instituindo a casa como o ideal da própria sociedade brasileira. Gilberto Freyre,[2] analisando esses espaços da sociedade brasileira, afirma que "casa" e "rua" são inimigos.

A moral e os valores da casa são tão valorizados que as instituições, muitas vezes, tentam ser uma extensão dela. São comuns expressões, ditas do interior das instituições, como "Quanto tempo você tem de casa?"; "Somos uma grande família". Outras ainda, como a escola ou as entidades religiosas, dão às figuras importantes ou dirigentes nominações de parentesco. A professora transforma-se em "tia"; a do colégio religioso é "irmã" ou até "madre" – mãe. O dirigente paroquial é o "padre" – pai. Desse modo, o que é da casa os indivíduos vão tentando reproduzir nas instituições.

Bachelard (2000, p. 20-23) na sua "Poética do espaço" toma a casa como a "topografia do nosso ser íntimo", já que, para ele, lembrando-nos das "casas", dos "aposentos", aprendemos a morar em nós mesmos. A casa concentra o valor singular de todas as nossas imagens de "intimidade protegida", dos valores de intimidade. A casa abriga o devaneio, protege o sonhador.

> Só os pensamentos e as experiências sancionam os valores humanos. E a casa é uma das maiores forças de integração para os pensamentos, as lembranças e os sonhos do homem (Op. cit., p. 26).

A vida começa bem, fechada, protegida, agasalhada na casa, que é por ele considerada um berço. Nesse espaço, vivem os seres protetores, daí a maternidade da casa. Ali também reside à casa

---

[2] Refiro-me ao livro *Casa Grande & Senzala: Formação da família brasileira sob o regime da economia patriarcal*.

das coisas: os armários, as gavetas, os cofres. A casa é um aglomerado de imagens que nos fornecem a ilusão de estabilidade. É também *o espaço de nossas solidões*, onde vivemos nossos silêncios e onde nossas lembranças são guardadas.

> Na vida do homem, a casa afasta contingências, multiplica seus conselhos de continuidade. Sem ela, o homem seria um ser disperso. Ela mantém o homem através das tempestades do céu e das tempestades da vida. É corpo e é alma. É o primeiro mundo do ser humano. [...] Será preciso esperar as experiências em que o ser é atirado fora, expulso, posto fora de casa, circunstância em que se acumulam a hostilidade dos homens e a hostilidade do universo (BACHELARD, 2000, p. 27-28).

Da rua, dizemos de dentro de nossas casas, dos desordeiros, que fazem arruaças os arruaceiros. O que a rua representa é para nós, em princípio, negativo. Um movimento desordenado, propício a assaltos. "Não traga desaforos para casa."

A sexualidade vivida na rua é imoral, devassa, desonrosa, fora da ordem, fora da lei. Diz-se das prostitutas que são "mulheres da rua". Mas a rua é também um recanto do imaginário. A rua guarda um certo fascínio, promessas... liberdade, prazer, novidade, encontro e uma certa obscenidade. Na rua procura-se o que não se tem.

É em nome disso, de "procurar o que falta em casa", que algumas dessas crianças e adolescentes chegam à rua. Essa é a nossa mais comum interpretação. Arrisco-me a trazer outras dimensões: a falta de oferecimento, pelo social, de um lugar simbólico onde o sujeito possa reconhecer-se como singular e como pertencente a uma coletividade; e, essencialmente, a ida para a rua como uma necessidade de estrutura – uma saída ética patológica. Quando digo isso, refiro-me ao fato de o sujeito necessitar do "deslocamento" da cena traumática, o que a rua consente em realizar. Ali o sujeito atua suas vivências traumáticas, pela via da repetição, ao mesmo tempo em que busca na rua um ponto de fuga de alguma situação insuportável experimentada em casa.

Se anteriormente analisava a questão afirmando que os meninos faziam da rua a "casa", hoje interrogo se podemos fazer essa correlação. Diria que se trata de *crianças e adolescentes **sem casa***, usando um termo pouco considerado, são meninos *irresidentes*, não escamoteando a questão política que reside aí.

Se, de um lado, estes meninos e meninas, na sua maioria, têm na miséria sua companheira na ida para a rua, essa não é a única razão que os coloca nesta situação. Se assim o fosse, todas as crianças miseráveis estariam morando nas ruas... Vale interrogar: trata-se de uma escolha? Poderíamos arriscar dizer que é uma escolha no sentido freudiano de uma "eleição forçada"? Fazer da rua seu lugar de moradia seria uma escolha forçada, no sentido mesmo de uma vicissitude pulsional?

Não obstante, desfazer o limiar entre a casa e a rua implica em consequências drásticas para essas crianças e adolescentes. Viver na rua é, então, abrir as portas para uma vivência sempre traumática. Livres da rotina, pois a rua impõe uma *cotidianidade extraordinária*, vivem sob uma certa "liberdade vigiada". Os "bicos" – como chamam as pessoas que passam e os observam – estão presentes em todos os locais. Também a polícia, "os gambés", e os "intrujões" – nome dado aos atravessadores de mercadorias, produtos de furtos. Tudo é vivido na rua: a higiene pessoal (os banhos nos chafarizes das praças, nas torneiras públicas ou nos lagos), a alimentação, o dormir, a vida sexual. Uma verdadeira exposição incessante e repetitiva.

Estar no "olho da rua" é deixar-se expor, sem limites; o que traz um excesso que irrompe sem que algo possa contê-lo, barrá-lo. Uma circularidade pulsional de difícil ruptura. Olhar, ser olhado, fazer-se olhar...

É certo que o sujeito tem que encontrar ali, na rua, tudo de que vai servir-se para a sua sobrevivência. Mas há um mais além nessa corrida pela satisfação da necessidade. Um algo mais empenhado nesse movimento demonstrado na impossibilidade de realizar o retorno para a casa ou para outro lugar, quando este é viabilizado. Movimento marcado pela inibição. Isso nos impõe perguntar: porque essa criança ou esse adolescente fez um rompimento tão radical, tão drástico, com a casa, com a família? Porque fazer da rua, que é um lugar de trânsito, sua morada?

Sabemos que a criança, para fazer uma separação dos pais, padece, sofre. Para separar-se do Outro[3] o sujeito precisa forjar recursos psíquicos muito requintados, para suportar, criar suporte, inventar

---

[3] O termo Outro, escrito com maiúscula, é um recurso da psicanálise para nomear aquele que fornece à criança a palavra, o significante.

seu "romance familiar".[4] Trata-se de uma ficção inventada, necessária à criança como recurso para separar-se desses primeiros objetos de amor e para *des-envolver*, sair do envolvimento. Para lidar com a separação, com a falta do Outro, a criança inventa seus jogos e cria também "seu mito individual", sua neurose, enfim, nos termos da inibição, sintoma e angústia – recursos do sujeito para aceder ao seu próprio desejo.

Assim também é com o adolescente que revive amores antigos nas intempéries dessa idade da vida e do movimento da estrutura no qual o impacto pubertário e o ideal social traçam seu modo particular de atravessar essa experiência, no trabalho de subjetivá-la. Há um fosso cavado pela modernidade[5] entre a infância e a vida adulta que o adolescente tem de atravessar, também se separando do corpo de criança e da posição infantil frente ao Outro. No dizer de Freud, "ultrapassando a autoridade dos pais", nunca sem sofrimento. Estes adolescentes que partem para a rua também não fazem essa ultrapassagem, mas ruptura bruta.

Sabemos da carência material francamente existente na história desses meninos e meninas, no entanto, é necessária uma indagação sobre a *provisão libidinal*, muitas vezes não assegurada a essas crianças e adolescentes. Uma escassez da oferta de significantes que permita pensar no lugar que o sujeito ocupa na estrutura familiar. Questão a que retornarei posteriormente.

Com Lacan, sabemos que "o desejo se esboça na margem em que a demanda se rasga da necessidade". A demanda propõe uma outra dimensão onde o importante não é mais o objeto para a satisfação da necessidade, mas quem o dá. Se não se privilegia a estrutura da demanda, se sobrepuja a função do gozo. Para esse sujeito, não há, a princípio, uma demanda, o objeto é conseguido pelo viés do rapto, da apreensão, da violação. O objeto apreendido é de "qualquer um".

A rua, marcada pelo barulho, dispersão, imprevisibilidade, ganha uma lógica e um conjunto de leis enlouquecidas. Ao contrário do que muitos acreditam, a rua dá "desrazão" ao princípio do prazer. É o

---

[4] Termo usado por Freud para descrever o processo de separação dos pais pela criança. Ver FREUD. S. *Romances familiares*. Edição Standard das Obras psicológicas Completas de S. Freud. Rio de Janeiro, Imago Editora, 1976.

[5] Ver RUFFINO, Rodolpho. Sobre o lugar da adolescência na teoria do sujeito. In: RAPPAPORT, Clara (org.). *Adolescência: Abordagem psicanalítica*. São Paulo: EPU, 1993. p. 38-39.

coração da pulsão de morte. Ela se transforma no palco das realizações fantasmáticas do sujeito.

A permanência na rua se dá sempre em função de rupturas. Rupturas drásticas com a família, a escola, a comunidade de origem e, muitas vezes, com a série de instituições e Programas de Assistência. A ruptura sucessiva dos laços sociais faz com que se estabeleçam, ali, relações "substitutivas". O bando passa a ter função de proteção e controle; alguns *considerados* – conhecidos em instituições, viagens ou próximos de seus locais de maior permanência – donos de restaurantes, pessoas caridosas, moradores complacentes – passam a ter certa função afetiva.

A rua é, essencialmente, lugar de perdas. Perde-se a casa das lembranças, deixando, quando não um vazio de história, uma pobreza de vida; perdem-se os espaços de intimidade, os espaços de solidão, a vivência do silêncio, sendo jogado num mar barulhento. O barulho dos carros, das buzinas, das máquinas, das sirenes, das batidas, torna-se agressivo. A voz dos trovões ralha nas tempestades sem teto de abrigos improvisados. O ser protetor, a maternidade da casa, é perdido. Perdem-se hábitos só possíveis no movimento de habitar... a casa, lugar dos *valores de intimidade*. O sujeito é expropriado.

Assim, na rua são depositadas as perdas causadas pelas exclusões sucessivas e, no seu oco, a ausência ou precariedade dos dispositivos de proteção à vida construídos pela cultura ao longo do tempo: a lei, a garantia de direitos e deveres, a ciência, a saúde, lazer, trabalho, arte... A rua passa a se constituir na instituição dos excluídos, criada pela sociedade no terreno baldio da cidadania.

Nesse vazio sem borda, há sempre um excesso de que o sujeito não pode abster-se tão facilmente.

O homem encontra sua casa em um ponto situado no Outro...

Meninos na rua — Meninos e a rua

Além das crianças e adolescentes comumente denominados "meninos de rua", convivem nas ruas das grandes cidades uma enorme população de crianças e jovens que denominarei aqui "meninos trabalhadores" ou "meninos na rua". Esses dois grupos se diferenciam, sendo necessária a formalização das questões que cada um deles apresenta, se quisermos fazer avanços na política de atendimento.

Os meninos trabalhadores (ou meninos na rua)

O primeiro grupo, meninos trabalhadores ou "meninos na rua", distingue-se claramente do segundo, no que se refere ao modo de organização na rua, relação com a família, instituições e comunidade. São os que fazem da rua seu espaço de sustento e até do de suas famílias, através de algumas ocupações mais ou menos estáveis, pelas quais estabelecem suas relações de trabalho.

Vigiam ou lavam carros, engraxam sapatos, fazem vendas ambulantes de vários produtos, como: "faixa azul", amendoins torrados, flores, artesanato muitas vezes, mal-acabados, frutas da época etc. Perambulam pela cidade e muitos, como os vendedores de amendoins e flores, percorrem os bares e restaurantes da cidade ao longo da madrugada. Outros, ainda, vivem da coleta de papel conseguido nos lixos de lojas e residências, muitas vezes em companhia de todo o seu grupo familiar que se instala em algum ponto da cidade[1] para

---

[1] Em Belo Horizonte, atualmente existe a "Associação dos catadores de papel"– ASMARE – organizada por eles mesmos e instituições filantrópicas apoiadas pelo Governo municipal, que, além de exercer uma série de funções, forjou lugares próprios (galpões) para a realização do trabalho de seleção e venda de papel.

selecionar e preparar o produto para a venda nos depósitos de papel. A situação de degradação em que vivem esses grupos de crianças é gritante. Misturados ao lixo, dormem em caixas de papelão ou nas "carroças" carregadas que muitos deles arrastam pelas ruas do centro, feito "burros de carga". As famílias "catadoras de papel" muitas vezes trabalham sem cessar, deixando as crianças, misturadas ao papel coletado durante a sua saga pela cidade.

Muitas crianças limpam para-brisas de carros ou vendem produtos, ocasião em que muitos também mendigam. Inúmeras crianças pedintes são levadas ao centro da cidade por um de seus pais ou vizinhos por longos períodos do dia e da noite. O que ali "recebem" é seu passaporte de retorno a casa. Sua "estadia" na rua é circunstancial.

A organização dessas crianças e adolescentes difere claramente da dos "meninos de rua". Estabelecem entre si os limites territoriais onde cada um tem "seu ponto" de trabalho, especialmente os vigias e lavadores de carro, onde a organização é mais complexa.

Nesses territórios as regras são claras e a organização do trabalho, explícita. Há, por exemplo, uma norma bem definida para a divisão do trabalho. Aquele que avistar primeiro o carro que chega para ser "vigiado" ou lavado deve gritar: "ferrei". Esse se torna, então, o responsável pelo trabalho e o que ganhará o dinheiro. É preciso, desse modo, que estejam atentos e disponíveis para garantirem seu trabalho. O significante "ferrei" faz circular a lei no grupo. "Ferrar", no dicionário,[2] quer dizer marcar com ferro quente, cravar, obrigar a aceitar, impingir, mas também investir, entregar-se ou dedicar-se. Ao som desse grito, "ferrei", os outros devem se conformar e se contentar em esperar o próximo carro.

Alguns grupos se constituem e há uma cumplicidade dentre os membros, uma espécie de pacto pelo qual se protegem mutuamente, diferentemente do "menino de rua" que faz seu laço social no "bando" em que o líder mantém, no seu interior, poder e controle intensos.

Os meninos trabalhadores na rua são nomeados pelos "meninos de rua" como "pregos", "otários". Isso se deve ao fato de sobreviver pelo trabalho. Por sua vez, os meninos trabalhadores de rua

---

[2] FERREIRA, Aurélio Buarque. *Novo dicionário Aurélio*. Rio de Janeiro: Editora Nova Fronteira, 1986.

denominam os segundos "pivete", "cheirador", "maloqueiro" – o que muitas vezes dificulta a convivência dos dois grupos nos Projetos de Atendimento.

A relação que os meninos trabalhadores estabelecem com a instituição é significativamente distinta daquela estabelecida pelos "meninos de rua", extremamente utilitária. Estes últimos utilizam-se dela para fugas constantes da polícia ou das situações de conflitos no bando ou entre bandos. Os primeiros com alguma demanda explícita. O tipo de demanda que os meninos trabalhadores de rua endereçam à instituição demonstra uma relação de outra ordem. Demandam, por exemplo, a legalidade de sua condição de trabalhadores junto aos órgãos fiscalizadores; ou objetos, como material escolar. Muitos deles ainda frequentam a escola formal, embora esse sonho vá se tornando cada vez mais distante.

A droga é utilizada em menor escala e o "álcool", mais presente, enquanto o *tinner* e atualmente, entre muitos deles, o *crack*, são as drogas usadas pelos "meninos de rua".

Ao contrário dos "meninos de rua" que têm nos policiais e na comunidade em geral, "seus inimigos", os meninos trabalhadores estão sempre às voltas com os fiscais. Esses são os que precipitam os fantasmas de perda.

Depois de um dia e, muitas vezes, de uma madrugada de trabalho (como é o caso dos vendedores de amendoins e flores que perambulam de bar em bar noite adentro) eles retornam a casa com seu "passaporte" – o dinheiro que irá sustentar a família. É importante assinalar que há uma divisão de trabalho explícita. Às meninas cabe a venda de flores, chicletes, artesanatos e, aos meninos, a venda de amendoim torrado e outros produtos. Eles arrumam várias estratégias de vender o produto. Um menino, que não contava mais de oito anos, dizia nas mesas de bares: "www.amendoimtorrado.com.br", conseguindo, assim, despertar a atenção de todos.

Família quase sempre "incompleta", "desestruturada" como comumente é definida. Tanto quanto os "meninos de rua", os "meninos trabalhadores de rua" estão expostos a todas as situações de violência e exploração. O retorno cotidiano à família vai sendo dificultado para alguns, sobretudo, quando o ganho nem sempre é suficiente. Ao lado disso, também o tempo de permanência e o conhecimento da rua, bem como as relações que se intensificam, vão, pouco a pouco, fazendo o desenlace com o grupo de origem. Os laços familiares vão se enfraquecendo e muitos deles começam a ter, no bando daqueles que "vivem" na rua seu destino.

O trabalho começa a se constituir numa espécie de "contra valor", pois o que conseguem com um furto, às vezes é significativamente mais do que em dias de trabalho. O bando vai progressivamente substituindo a família. O líder controla, vigia e pune, mas também protege cada um. A rua passa a ser lugar de moradia. Perdem-se o nome, a voz, o desejo.

Assim está feita a travessia... menino na rua – menino de rua. Cabe ressaltar, porém, que não estou sugerindo que essa trajetória seja a mais comum dos "meninos de rua", tampouco as únicas razões determinantes de sua ida para a rua. Se discuto esta questão, é para assinalar que essas crianças podem encontrar nesse percurso as facilidades de sua permanência na rua, uma vez também excluídas da maioria dos serviços de assistência.

Estamos diante de uma questão curiosa que convém destacar. Embora essas crianças e adolescentes sejam, como as outras, personagens do mesmo palco – a Rua –, elas mantêm, ali, uma relação diferenciada. Como disse anteriormente, organizam-se em grupos e não em bandos.[3] Mantêm laços com o grupo de origem e até, muitas vezes, com a escola. Mantêm laços sociais com a comunidade e uma relação menos utilitária com as instituições, embora padeçam, como as outras crianças e adolescentes, do risco, da dispersão e da violência da rua.

Alguma coisa operou para que o sujeito não fosse tragado pelo vazio, entregue ao "excesso" que a rua oferece. Vicissitudes da pulsão? Há um ponto de torção pulsional que merecia uma discussão. O que daria à pulsão um outro traçado?

Embora esta seja uma pergunta que não se contenta com uma única resposta, arrisco uma pontuação: o que permite ao sujeito uma certa resignação ao gozo desregrado que a rua oferece possibilita também um "trabalho" ou uma atividade que o introduz numa *relação de troca simbólica*.

O trabalho não pode ser tomado aqui com o rigor com que está inserido no registro das relações de trocas capitalistas, uma vez que, não raro, escutamos dessas crianças e adolescentes algo como: "compra pra me ajudar" ou "se não quer comprar, me dá um trocado".

---

[3] A diferença entre bando e grupo será apresentada posteriormente.

A princípio poderíamos nos precipitar numa leitura em que importaria menos o modo de aquisição que o objeto-dinheiro. É bem verdade que o sujeito ali estabelece não apenas uma relação de troca, mas em certa "barganha" está em questão o objeto de que dispõe ou a oferta de sua própria "condição". É por sua condição que o outro deve dar-lhe algo, o que coloca em questão o conjunto dos mecanismos sociais. O sujeito não tem a quem atribuir a responsabilidade pelo que lhe falta, não sabendo a quem e o que culpar.

Contudo, esse "trabalho" interessa pelo que ele comporta de simbólico. Enquanto possibilita uma relação com o objeto que não seja da ordem do rapto, do sequestro, da violação. Ainda que seja uma "barganha" – uma transação de certo modo fraudulenta – "me dê algo em troca de nada" – o campo do Outro não é invadido e o objeto, apreendido, como o é, entre os "meninos de rua".

Os meninos e a rua –
especificidades de uma trajetória

Uma primeira pontuação necessária reside no termo já naturalizado "meninos de rua". Há nessa expressão uma sutileza que não podemos deixar de escutar. Dizemos "meninos de rua" com a mesma naturalidade com que se diz: "menino de fulano" ou "menino de Dr. Cicrano". A preposição "de" denota uma relação de posse, pertinência, proveniência, origem. Não são da mãe ou do pai, como dizemos de outras crianças, "este é de José", mas de rua. Quando passamos a dizer os **meninos e a rua**, colocamos os dois termos em relação, retificando uma representação já cristalizada, uma vez que a representação que se tem dessas crianças e adolescentes define o tipo de tratamento que se dá a elas. Interessa-me interrogar a relação que essas crianças estabelecem com a rua.

Não são da mãe ou do pai, mas de rua, excluindo a genitura. Embutida nessa expressão é comum ver situada a questão "meninos de rua", na problemática familiar – na "configuração" da família. Questão que merece uma abordagem mais cuidadosa e que retomarei posteriormente.

Nós os designamos "meninos", mas a representação de infância que sustentamos, décadas a fio – mesmo a despeito dos postulados de Freud sobre a infância – não deixa lugar para a inclusão dessa categoria, como denunciamos cotidianamente, em ato. Nós os denominamos "meninos" e atravessamos a rua apressados ao avistarmos

seus vultos. Assistimos a cenas como a de um conjunto de policiais escoltando um único menino.

Na linguagem institucional foram designados durante muito tempo (e o são ainda por algumas), porque pobres, não como crianças, mas como *menores*. Lemos em manchetes de jornais: "menor rouba criança". Não podemos deixar de pensar no peso dessas palavras. Afinal, um discurso tem o poder de destinar ao sujeito um lugar... na história.

A rua, como já dissemos, para quem tem nela seu lugar de moradia, é palco de perseguições, violência e morte. Embora não exista qualquer estatística formal para usarmos como argumento, sabemos que poucas crianças que vivem na rua chegam à idade adulta. Ou morrem ou passam a vida confinadas às cadeias públicas. Se a rua é o coração da pulsão de morte, é nesta pulsação que essas crianças e adolescentes investem na luta pela sobrevivência.

Quando a rua é a "casa", é preciso produzir daí um saber e um conhecimento que só se constrói com muita astúcia e inteligência. Entrar na lógica da rua impõe "de-significar" uma série de coisas e valores. Uma lógica cuja circularidade apreende e captura o sujeito num excesso sem fim. Sobreviver, quando tudo aponta para a morte... o que não deixa de ser uma vivência sempre traumática. É preciso criar do nada. Essa verdade cada sujeito carrega inscrita no real do corpo, como soletração do gozo.

O corpo alheio ao prazer, lançado às experiências de sofrimento, eles o cobrem com roupas *de marca*. São produtos de furtos ou conseguidos no que chamam "roda da troca" – seu centro comercial. No dia a dia, a roupa deve favorecer a mobilidade, atentos que são às oportunidades de furto, à vigilância policial, aos "intrujões". O boné, a camiseta e o calção, que tampam o sexo e a diferença. Menino e menina, na rua, numa primeira visada, são indiferenciáveis.

O corpo funciona como uma espécie de guarda-dor. Sob o calção, guarda-se a "lupa" – óculos conseguidos nos "descuidos" – espécie de furto. O pano embebido em *"tinner"* – droga largamente usada. Na boca, as "cordas" – correntinhas de ouro. É comum terem várias camisetas, uma sobre a outra. Sobre a cabeça o boné que esconde o rosto, para que não seja facilmente identificado.

O conjunto de furtos – a "parada" – é depositado em algum bueiro juntamente com o cobertor e o papelão com que preparam sua cama. A "parada" é necessária para que os produtos recém roubados sejam esquecidos, por um tempo, até serem comercializados. O bueiro só é violado por um rival de outro bando. O que não é sem consequências...

O lugar de dormir é frequentemente alterado pelas situações da rua. As marquises, viadutos, casarões abandonados, praças, portas de hotéis ou restaurantes de onde exala um vapor quente das cozinhas ou lavanderias que ilude o frio da noite. As proximidades das linhas de trens ou quarteirões fechados, dentro de caixas de papelão, são muito utilizadas.

O fator climático, a presença dos transeuntes, o constante desentendimento com a vizinhança dos locais "escolhidos", a vigilância policial ou do pessoal da companhia de limpeza urbana e a necessidade de não serem identificados levam a uma mudança intermitente de lugar. Atualmente, algumas cidades, como Belo Horizonte, dispõem de albergues[4] em alguns pontos da cidade onde, muitos desses

---

[4] Os Programas de Assistência das ONGS e Prefeitura Municipal dispõem de uma Rede de Atendimento. Os albergues são locais-dormitórios que acolhem as crianças e adolescentes.

meninos, que passam o dia na rua, dormem nos albergues quando orientados pelos educadores sociais das equipes de abordagem.[5]

A gramática do espaço é fundada de uma forma completamente distinta da comumente usada. Nenhuma relação afetiva com um lugar. Nenhuma referência mais permanente. Nenhuma linha para demarcar um sítio, que seja, nesse campo tão exposto aos assaltos, à violação, à violência.

A relação que esses meninos estabelecem com as Unidades de Atendimento dos diversos Programas é, não raro, utilitária da mesma forma. Um uso que propõe uma "conformação" do espaço, como se fosse extensão da rua. Os espaços são quebrados, arrombados, apedrejados, destruídos. O que leva a perguntar: porque esses meninos destroem o que foi construído para acolhê-los? Mesmo os que já têm, com o lugar uma certa relação afetiva, uma presença regular? Não é senão, na transferência, a repetição. Uma tentativa falha, mas tentativa de dar sentido, de possibilitar que o significante passe de novo...

O nome é trocado em cada instituição por onde passa, isso discutirei no capítulo VI. A idade também é forjada conforme as circunstâncias. Se, do ponto de vista jurídico, os menores de quatorze anos, "recolhidos" por algum ato infracionário, são destinados aos Programas de Assistência, os maiores devem ser levados à Delegacia[6] e, portanto, é conveniente aumentar ou diminuir a idade de acordo com a maior ou menor possibilidade de conseguir liberdade em tempo hábil.

O anonimato é perseguido, em cada circunstância da vida. Na rua, essa corrida contra todo traço de identidade... até o estado de indigência; de ser tomado por coisa, de ser "objetalizado".

A droga funciona como um tipo de "amortecedor" para o corpo que cai, padece das brigas, torturas, frio e fome. É o que dá "coragem" para o enfrentamento dos riscos que a rua impõe. O que também possibilita algumas "viagens", sonho com um prazer que o corpo desconhece ou já esqueceu. Um uso que poderíamos chamar "circunstancial" da droga, na medida em que faz parte das estratégias de sobrevivência. "Não dá pra ficar de cara limpa" – dizem eles.

---

[5] Refiro-me aos "educadores sociais" das equipes de abordagem que fazem os primeiros contatos com os meninos nos seus locais de "permanência" ou fixação e efetuam encaminhamentos aos dispositivos da Rede dos Programas de atendimento.

[6] Em Belo Horizonte, existia a Delegacia especializada de Orientação ao Menor (DEOM) que, depois do Estatuto da Criança e do Adolescente, passou a chamar-se (CEOM) – Centro de Orientação ao Menor.

Desse modo, esse sujeito está "intoxicado" pela rua. A rua é uma droga. Contudo, o uso "circunstancial" não raro é prolongado e contínuo, o que cria dependência de fato. Alguns, além de intoxicados pela rua, usam e abusam das drogas. O *tinner* é, atualmente, a droga mais usada, que já é desde a lei proibitiva da venda de cola de sapateiro, antes largamente utilizada.

Essa questão sempre aparece nos diversos Programas de Atendimento. O uso de drogas é proibido. Norma constantemente transgredida, o que causa sempre muito embaraço para os técnicos e educadores. Quando chegam com o *tinner* escondido sob o calção, os educadores ou técnicos "tomam a droga". Questão que merece uma abordagem mais incisiva. Poderíamos nos perguntar se se trata de tirar a droga do menino ou tirar o menino da droga.

Tradicionalmente, o tratamento dado à questão é centrado na droga. Informações e palestras sobre efeitos, consequências, sequelas produzidas por ela. A proibição do uso nos locais de atendimento tem sido o modo de lidar com esta questão. Não funciona. Sabemos, entretanto, que dar tratamento a esta questão significa deslocar o problema centrado na droga para cada sujeito que dela faz uso. Escutar a relação que cada sujeito tem com o objeto droga, e a função que desempenha para o sujeito. Do contrário, estaremos sempre às voltas com a impostura de uma lei.

A alimentação é adquirida através de furtos, do pacto com donos de restaurantes ("não te roubo ou perturbo, você me alimenta") dos tíquetes conquistados nos furtos. Atualmente, também nos diversos Programas de Atendimento, nas chamadas "Casas de passagem". Tudo é consumido de uma só vez. O imediatismo marca as ações. O tempo é vivido numa lógica que pode parecer estranha.

Torna-se impossível viver na rua desvinculado do bando. A lógica enlouquecida da rua é excludente e exige um modo de organização em que o sujeito é absolutamente forcluído. O bando é feito horda governada despoticamente, quase sempre por um *macho poderoso* (mais raramente, por uma adolescente ou adulta também imaginariamente poderosa, posto que tirânica). Este se impõe pela força, esperteza, coragem, capacidade de liderança e, sobretudo, pelo conhecimento da rua adquirido com o tempo.

A menina-mulher encontra no interior do bando um lugar intrigante. A fidelidade exigida na relação amorosa é absoluta e a "traição" – de quem "pisa na bola" – é respondida com punição violenta.

No entanto, a menina, pela intensa dificuldade de estar na rua desacompanhada, exposta que fica aos assédios de todos, cada vez que seu companheiro se ausenta, seja por estar sendo procurado pela polícia, apreendido, seja para "dar um tempo" em relação a alguma situação de conflito no bando ou com outro bando rival, ele é substituído. Quando de seu retorno, a punição é certa e, quase sempre, de cunho sexual. É colocada no que chamam "ronda", para uso e abuso de todos os membros do bando. Sexo e violência se conjugam. E, como tudo na rua, sob a égide de uma lei sádica e tirânica.

Poderíamos nos perguntar sobre o amor. Seria o amor possível em meio a tanta violência? Seus sinais desfilam nas cartas que as adolescentes se consomem em escrever, nas confidências entre elas sobre os pretendentes, na aposta que fazem no parceiro e vice-versa.

A vida sexual precoce, ativa, intensa é vivida sem que cada um seja sujeito de sua sexualidade. Não há escolha. O uso e abuso sexual fazem parte do código implacável e feroz da rua.

Dizia uma das meninas de rua, usuária do "Albergue noturno": "Você é médica? Preciso de um exame. Acho que estou grávida e ela também" – disse apontando a amiga calada. Elas não contavam mais de quatorze anos. A gravidez suposta era dita com uma certa exterioridade em relação ao corpo, à sexualidade. É a partir desse tipo de demanda que podemos ter uma brecha para a intervenção que cobiçamos. Uma escuta é necessária para que possa por em ato o desejo. Para que um sujeito se produza aí, se implique e se posicione em relação a esse dizer.

Enquanto a abordagem da questão se detiver em responder a demanda do "exame", da constatação ou do desmentido da suposta gravidez – como é comum nos diversos Programas – essa menina, cada menina, não fará outra coisa, senão repetir – viver sua sexualidade como se fosse algo de que não participasse, como se não estivesse ali e a gravidez repetida. "Peguei neném" – elas dizem. A contracepção ou é ignorada ou desse saber ela "nada quer saber". Os abortos são constantes, quase sempre espontâneos.

Expostas à punição permanente, eles aceitam "pagar o que devem", como explicam. Assim, a menina-mulher, alienada, resta como objeto de gozo do Outro. Nas Unidades de Atendimento, elas comumente ocupam-se em escrever ou ditar cartas e bilhetes de "amor", subir a bainhas das saias para seduzir o pretendido, cuidar da imagem.

Diante da indagação: o que você vai ser se você crescer? A resposta comum é "gambé", que significa policial, no dizer dos meninos. O que nos leva a pensar na alusão de Freud ao brincar das crianças. Passar da "passividade" à "atividade". Repetir a experiência traumática agora como "agente", na tentativa de significá-la, de tratar o real em jogo.

Freud (1976 [1908]) diz que uma das funções do jogo é a de produzir prazer frente a uma situação de desprazer. O jogo vislumbra o desejo que não pode se satisfazer e tenta retificar uma realidade insatisfatória numa demonstração da impossibilidade e seu retorno. Para Freud e Lacan o jogo é um fazer, um efeito da estruturação significante do sujeito e também uma tentativa de amenização do gozo. Poderíamos pensar que o jogo articulado à palavra é determinado por uma ausência que insiste em se repetir, enquanto ato da ordem da "tiquê",[7] de um mau encontro do Real. É possível situarmos também aí, neste significante, *gambé*, um apelo à lei. Ainda que a uma lei insensata.

Também brincam em fliperamas ou nos parques – onde descem de "tobogã de graça" depois da chuva, quando assumem o trabalho de enxugá-lo, adquirindo esse direito. Os "carrinhos de choque" são seus preferidos. Em dias de sol os banhos nos chafarizes das praças ou nas lagoas distantes são uma boa brincadeira. A patinação no gelo no shopping também faz parte do lazer. Participam assiduamente dos eventos em lugares públicos – comícios, shows. Frequentadores de cinemas e casas de danças, são exímios dançarinos. Exibem a dança da moda aprendida também nas TVs das vitrines, onde se espreitam. Cantadores de rap, muitas vezes também compõem os seus.

O turismo também está presente. Visitam outros Estados brasileiros e sobretudo o litoral do Espírito Santo, levados nos vagões de minério que invadem e os fazem chegar a seu destino.

Seguros em suas decisões, onipotentes diante do enfrentamento dos perigos da rua, donos de seus destinos, feito "adultos preconizados", deixam assim os rastros de uma infância denegada. Como poderiam esses meninos, objetos de medo, de horror da população serem vistos como crianças? Interessante notar que não se diz "criança de rua" e, sim, "menino de rua", como se o peso da representação de infância não franqueasse para eles essa nomeação, amenizada pelo termo *meninos*.

---

[7] Ver LACAN, Jacques. *Seminário Livro 11. Os quatro Conceitos Fundamentais da Psicanálise*. Tradução M. D. Magno. Rio de Janeiro: Jorge Zahar Editor, 1985.

Cambalhotas nas ruas do centro, malabarismos nas traseiras dos ônibus, o movimento de vaivém entre os carros, capoeira em meio aos transeuntes não deixam de ser uma tentativa de realizar uma exposição dos contornos desse semblante de criança velado pelo modo de sobrevivência e pelas suas ações. Também a falta de noção de perigo e a dependência afetiva declarada e mantida com o líder do bando são sinais deste semblante.

O cotidiano extraordinário faz a dispersão no tempo, criando uma estrutura de descontinuidade impressionante. Como disse, o imediatismo marca as ações. O passado escondido no nome adulterado, na idade forjada, na família distante, na luta ferrenha pelo anonimato...O vazio de futuro sentido na carne não deixa lugar para a espera – o que poderia apontar para o desejo... Tudo "é agora". O presente é contínuo...

A modulação do tempo não se faz possível, entregues que estão a imprevisibilidade da rua. A ausência de uma rotina, de uma cotidianidade previsível, faz com que funcionem com um relógio completamente diferente. Não tão diferente de outras crianças que padecem de um "defeito" do relógio. Porém, à diferença das outras, essas crianças que vivem na rua não têm um Outro que lhe demande, que lhe oriente ou estabeleça uma rotina.

Lacan situa o tempo como uma conjunção do simbólico, do imaginário e do real, anunciando o que chama de tempo lógico. O tempo cronológico está articulado à ordem simbólica. Mas há uma lógica do sujeito, particular, que o inscreve no registro imaginário. E há ainda, a ordem do real – o ponto de um tempo sem história em que se presentifica o encontro do sujeito com seu desejo, com o que causa seu desejo. Para Lacan, o tempo lógico tem a sua sucessão no *instante de ver, no tempo de compreender e no momento de concluir.*[8]

Uma consideração acerca do tempo entre os "meninos de rua" é de que ficam suspensos no *instante de ver*. Nada aponta para um tempo de compreender. As razões que os fazem permanecer na rua, parece que não lhes dizem respeito. E, dessa forma, o momento de concluir é sempre adiado.

Esse modo de situarem-se no tempo não é sem consequência para o cotidiano dos Programas de Atendimento. Se não há para

---

[8] Ver LACAN, Jacques. O tempo lógico e a asserção de certeza antecipada. In: *Escritos*. Tradução Vera Ribeiro. Rio de Janeiro: Jorge Zahar Editor, 1998.

esses meninos nenhuma sequência de atos ou procedimentos que se devam realizar por força de hábito, se nada é planejado ou projetado, se tudo é vivido no "aqui e agora"; na pressa, no imediato, na urgência, o planejamento da rotina das unidades de atendimento é comumente fadado ao fracasso.

Essa *rotina extraordinária* é repetida nos espaços de atendimento, o que leva, não raro, a uma certa "descrença" no planejamento e organização das atividades por parte dos educadores. Desse modo, todos os meninos e educadores passam a ter uma rotina "extraordinária". Passa-se a atender urgências, viver o inusitado, o imprevisto. Se algo sempre escapa ao planejamento, porque planejar?

Percebe-se um certo consentimento do espaço de atendimento ser tratado como extensão da rua. É preciso manejar o tempo. Possibilitar a criação de uma estrutura de continuidade, no cotidiano do espaço de atendimento. Manobrar o tempo a partir mesmo desse defeito do relógio, sustentando uma rotina de funcionamento, oportunizando o seu tempo de compreender onde o sujeito possa se implicar nas raízes de sua escolha, até o momento de concluir.

Manter o estranhamento entre a rua e o locais de atendimento, supõe não abrir mão do planejamento das atividades, ainda que haja no planejamento lugar para aquilo que escapa... para as urgências.

A rede de comunicação entre os meninos é extremamente eficiente. Nos quatro cantos da cidade são informados das prisões, mortes, mudanças de locais, acidentes, troca de parceiros, relações amorosas entre eles. Tão eficiente que permite que cada líder saiba qual dos bandos está frequentando os Programas, a cada dia, o que o faz decidir sobre frequentar ou não com seu bando. Geralmente os bandos, por serem rivais, não podem "coabitar" um local. Os territórios na rua são claramente demarcados.

O esforço das *equipes de abordagem* em possibilitar que meninos frequentem os programas de atendimento foi, por muito tempo, dificultada por essa situação. Para a convivência de vários bandos em um único local foi preciso um trabalho intenso com as lideranças para obter deles o consentimento. O que não foi uma tarefa fácil.

A linguagem é própria, passível de deciframento só por um igual.

Desnudando o real com certa crueza, a presença dos meninos e meninas de rua, faz o encontro da população com um mal-estar que leva a atos assustadores.

Às vezes eles se apresentam sob a face daquele que é "suposto gozar" sem empecilho. Essa evocação de um "pai gozador" leva-os a serem odiados. Encarnando à sua maneira, uma representação da paternidade gozadora, desencadeia-se contra eles uma violência que vai muito além do que mereceriam seus delitos. O roubo de uma correntinha de ouro leva a um "linchamento". Andar na traseira dos ônibus já levou motoristas a provocarem a queda e a morte do menino.

De um lado, a violência dos meninos embrutecidos pela miséria e por esse excesso que a rua oferece circulam pelas ruas onipotentes, poderosos. De outro, a violência dos que são vítimas dela e a multiplicam. Estão aí os grupos de extermínio para testemunhar.

Escritura da falência das políticas sociais.

Entretanto, em meio a esse gozo desregrado, a uma sobrevivência teimosa, os meninos e meninas surpreendem quando demonstram uma grande vocação para amar. Os que se aproximam deles tornando-se seus *considerados,* como dizem, não deixam de ser tocados por isso. Eles passam a ser protegidos, tratados com afeto e, sobretudo, testados na sua tolerância nos termos de uma constante demanda de amor feita pelas crianças e adolescentes. Está aí a marca irrefutável da possibilidade de dar tratamento a essas questões.

Se essa é a única janela que o sujeito têm para o real – suas realizações fantasmáticas –, nos deixa a chance de abrir outras... que possibilitem a travessia, como dissemos, da rua a casa; do cotidiano extraordinário a uma cotidianidade onde possa ser modulado o tempo; do bando ao grupo... E, essencialmente, do grupo ao sujeito.

Família – Esteio do fenômeno "meninos de rua"?

> Oco do pau que diz:
> Eu sou madeira, beira
> boa, dá vau, triztriz
> Risca certeira
> Meio a meio o rio ri
> silencioso, sério
> Nosso pai não diz, diz:
> Risca terceira
> água da palavra
> água calada pura
> água da rosa dura
> Proa da palavra
> Duro silêncio, nosso pai.
>
> Caetano Veloso
> (*A terceira margem do rio*)

Tratar a problemática familiar dos chamados "meninos de rua" coloca-nos frente a impasses de várias naturezas: técnicos, políticos, éticos...

Se abordarmos a questão pelo viés do discurso político-social, corremos o risco de deixar escapar o sujeito e sua implicação. Por outro lado, consentir que um discurso psicologizante impere faz com que deixemos de fora as questões político-sociais. Sabemos que o enlace teórico entre estes campos, necessário, ainda é incipiente. Nessa encruzilhada, será preciso inventar um campo ético que nos permita inscrevê-la.

Afinal, sabemos que os chamados meninos de rua são filhos de famílias pauperizadas, fruto da injustiça social. Se não abordamos mais detidamente essa questão não é por julgá-la dispensável.

Os filhos da classe abastada ou mesmo da classe média não encontram na rua seu destino, por mais conflitos familiares que possam vivenciar.

Então, o que leva um sujeito a romper com tudo, todos os laços sociais e viver na rua? Esta questão não deixa de nos inquietar, embora saibamos que a resposta não é simples ou fácil. Comumente atribui-se à causa dessa contingência ao modo de organização da família, à sua configuração ou modo de estruturação. A razão desse enunciado se apoia, não raro, numa concepção bem precisa do modelo da "família nuclear completa", tida como ideal.

As chamadas famílias "incompletas" – onde a ausência de um do par parental ou a substituição de um deles pelo padrasto ou madrasta – são geralmente apontadas como a causa do fenômeno "meninos de rua". As razões dessa "incompletude" são atribuídas comumente à situação de miséria em que vivem tais famílias.

Sabemos que as diferentes classes sociais, por estarem inscritas de formas diversas no processo de produção/consumo, geram diferentes configurações familiares. Tais configurações nos interessam, não no sentido de serem consideradas determinantes da exclusão desses meninos e meninas, mas porque nos possibilitam alcançar a dimensão do sujeito, sobretudo, naquilo que concerne à sua escolha, ainda que forçada, viver na rua.

Entre os "meninos de rua" é muito comum que o grupo familiar gire em torno da figura materna quase sempre mais presente que o pai "alcoolista", "doente", "encostado" ou permanentemente "desempregado", quando não "separado" ou "desconhecido". Nesses casos, a contribuição financeira do menino, que se soma aos ganhos da mãe, é imprescindível. Há casos em que o menino é o único responsável pelo sustento da família, o que muitas vezes o coloca em igualdade com o pai, o suposto provedor da família, que tem seu papel superado. Isso não deixa de ter incidências na subjetividade do sujeito.

Quando o pai presente na família, o pai da realidade, é demasiadamente "desprovido", acha-se mais facilmente privado de suas insígnias simbólicas para valer somente em sua realidade.

Júlio é o mais velho de três irmãos. O pai é alcoolista, com história de internações psiquiátricas. "É um explorador", diz Júlio.

> Lá em casa tudo era eu. O pai mandava eu comprar cachaça e voltar antes que a cuspida que ele desse no chão, secasse. A qualquer hora do dia ou da noite. Eu não gostava que ele bebesse. Ele bebia e espancava todos nós e a mãe também.

Essa cumplicidade imposta pelo pai lhe era insuportável. Ao som desse mandato, Júlio diz ter ido para a rua e ficado durante anos nas "turmas".

"Ele não aceitava minha opinião. Eu não aceitava a autoridade dele. Não aceitava que mandasse em mim. Ai eu fui pra rua". Nas turmas – nome dado aos bandos – Júlio sentia-se do mesmo modo, explorado.

> Tinha que roubar para a chefe da turma. Conseguir coisas para o filho dela. Os outros meninos gostavam de banhar.[1]
>
> Um dia um menino, doido de *tinner*, me furou com o gargalo da garrafa. Aí vi que na rua não dava pra ficar.

Manifestações clínicas daquilo que Lacan chamou repetição – "tiquê" –, encontro com o real. Como Júlio, inúmeras outras crianças não fazem mais que encontrar na rua um lugar de deslocamento da cena traumática. Retomarei no capítulo VIII esta questão.

Esses fragmentos de discursos são importantes para pensarmos as estruturas familiares cuja lógica empresta ao sujeito as razões para se sustentar num certo lugar. Lacan aponta algumas questões no seu texto: "Notas sobre a criança" que nos dão algumas pistas do que vimos tentando rastrear no que se refere ao "menino de rua" e sua família.

> A função de resíduo que sustenta (e ao mesmo tempo, mantém) a família conjugal na evolução da sociedade valoriza o irredutível de uma transmissão – que é de uma outra ordem que a transmissão da vida, segundo as satisfações das necessidades – mas que pertence a uma constituição subjetiva, implicando a relação com um desejo que não seja anônimo. É a partir de uma tal necessidade que se avaliam a função da mãe e do pai. Da mãe: na medida em que seus cuidados trazem a marca de um interesse particularizado, ainda que pela via de suas próprias faltas. Do pai: na medida em que seu nome é o vetor de uma encarnação da lei do desejo (LACAN, 1986).

Não se trataria, para esse sujeito que rompe com todos os laços sociais, do confronto com o *anonimato do desejo*? Um certo não-lugar, a falta de um interesse particularizado?

---

[1] "banhar" – ficar com a maior parte do dinheiro que deveria ser rateado entre os membros do bando.

Outra dimensão pode ser pensada a partir de nova referência que nos dá Lacan. No seu *Seminário V* (1999 [1957-1958]) ele sinaliza as consequências na vida de uma criança não desejada pelos pais: as tendências suicidas. Ela não aceita o lugar que lhe foi imposto no "fora desejo" da mãe. Tendlarz (1997, p. 42) esclarece que, nesse *Seminário*, o articulador é o desejo como desejo de reconhecimento, o que implica que, quando uma criança não pode reconhecer sua existência no desejo da mãe, uma queda do valor fálico é produzida. A autora lembra ainda que, tempos depois, ao referir-se ao modo como o sujeito é modelado no simbólico pelos pais, Lacan afirma que a criança carrega a marca da maneira pela qual foi aceita (ou não) pelos pais:

> Incluindo uma criança não desejada, em nome de um não sei o quê que surge de seus primeiros balbucios, pode ser melhor acolhida mais tarde. Isto não impede que algo conserve a marca do fato de que o desejo não existia antes de certa data (LACAN, 1975, p. 124).[2]

Trata-se então de considerarmos como o desejo do Outro incide sobre a subjetividade da criança e como as modalidades de resposta podem ser nefastas: doença orgânica, anorexia e várias outras manifestações sintomáticas, além das passagens ao ato suicidas, como é o caso de muitos dos "meninos de rua".

O primeiro grande trabalho do humano, ao nascer, é encontrar significantes para encarnar-se na ordem simbólica, na subjetividade. Trata-se de extrair, retirar as marcas, valendo-se do mito familiar. É preciso que haja uma oferta de significantes ao recém-nascido. Dessa oferta, ele tomará um ou outro significante, imprevisivelmente, porém há sempre uma oferta de significantes em uma família. Às vezes, são escassos, restritos e até violentos, terríveis. Há casos em que a oferta de significantes é maior. Às vezes, contraditória. Talvez essa transmissão constitua o que eu estou denominando, aqui, "provisão libidinal" do sujeito.

Uma adolescente que vive na rua com seu filho de dois anos ordenava-lhe, a cada vez que se aproximava alguém: "morde ele! Cospe nele! Chuta ele!" Essa deve ser a forma como essa mãe apreende o Outro. Essas palavras não são sem efeitos. É assim que esse pequeno sujeito vê desenhada a lógica do outro. Sabemos com Lacan

---

[2] Ver Lacan, J. *Conferencia en Ginebra sobre el sintoma*, [1975] 1988, p. 124.

que o espelho devolverá uma imagem do outro na qual a criança se precipitará, alienando seu ser. Não estaria ai, nessa mensagem transmitida a esse sujeito, o fundamento de toda a erótica? Não havendo corte nesses enunciados, certamente esse sujeito só fará seu laço com o Outro, nos termos do "morder, cuspir, chutar".

Um outro aspecto precisa ser considerado. Bezerra (1993),[3] ao discutir a relação entre subjetividade e cultura ou sociedade, adverte quanto àquilo que cobiçamos: a construção da cidadania pelos loucos, meninos de rua, enfim, pelos oprimidos e excluídos, lembrando que, para ser um tipo ideal de cidadão, exige-se um tipo de organização subjetiva peculiar. Há certas formas de subjetividade incompatíveis com o exercício da cidadania, em termos ideais. Quando pensamos na construção e exercício da cidadania pelos "meninos de rua", é preciso indagar como cada um se organizou subjetivamente para responder do lugar (ou não-lugar) que lhe foi reservado.

Ainda para o autor, quando a criança sai de seu lugar inicial, quando ingressa no universo cultural, no momento em que caminha da relação com os pais à relação com os pares, ela precisa encontrar um lugar simbólico onde possa se reconhecer como singular e como parte de uma coletividade. Deixar de ser o centro para ser um projeto identificatório não pelo que é, mas pelo que pode ser. Quando o grupo social não oferece ao sujeito esse lugar, há um choque, uma ruptura. Há, por assim dizer, uma "falência do contrato narcísico" em que o sujeito se identificará com uma posição na qual ele próprio se desinveste enquanto projeto (BEZERRA, 1993). Talvez daí a busca no bando, por esses meninos de uma pertinência, de uma pertença.

É necessário considerar também, entre os meninos, aqueles a quem a família procura incessantemente pelas ruas e instituições, querendo seu retorno, embora eles não queiram. Poderíamos atribuir sua recusa em voltar simplesmente aos atrativos que a rua lhes oferece, seja da ordem do prazer, seja da ordem do gozo?

Não podemos deixar de interpelar: por que o sujeito faria um rompimento tão radical, tão drástico com a casa, com a família, fazendo da rua sua "casa"?

Já vimos anteriormente como a criança sofre para fazer uma separação dos pais...

---

[3] Benilton Bezerra apresentou estas questões em conferência no Curso de Saúde Mental da ESMIG em 1993.

Podemos dizer que para essas crianças e adolescentes, além da provisão material, algo da provisão libidinal fracassou de modo tão radical que levou a esta "escolha" pela rua.

Ainda que o sujeito seja determinado por esse discurso que até mesmo o antecede, nos interessa, além dos determinantes de sua condição, sua posição frente àquilo que o determina.

Wilson vivia com uma família que julgava "ser verdadeira". Aos oito anos sua mãe lhe dissera que seus pais verdadeiros o haviam abandonado. A "mãe de criação" ou "de mentira" lhe dissera que "os pais fizeram muita sacanagem com ele", ao que ele interpreta: "é como se eu fosse um cachorro. Não dormia nem comia junto com eles, como me disse minha mãe de criação".

E prossegue: "Esse fato perturbou muito minha cabeça. Comecei a achar que estava tudo bom. Segui meus colegas pra rua. Cheirava e aprontava". Faz sete anos que Wilson vive na rua (feito um cachorro? uma criação?).

"Tem mãe que acha que é só por filho no mundo que 'está tudo bom'."

As famílias desses meninos, de um modo ou de outro, estão implicadas nessa vicissitude – viver na rua. Não podemos deixar de considerar essa dimensão. Não obstante, nos interessa também buscar na trama que o sujeito tece o lugar de sua captura. Esse "tudo bom" no qual está preso.

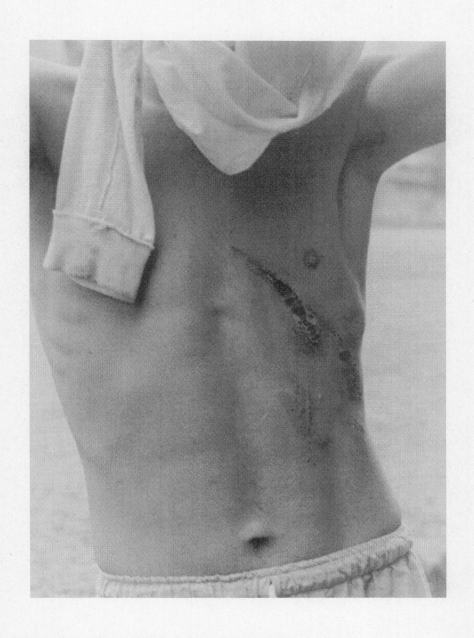

O tabuleiro do jogo — O corpo

o olho mira
um olho fecha
o desejo é flecha
a mão arrisca
um olho vê
um olho cega
a bala, a mão, a mira,
a espera, o disparo
um coração atira
ao alvo errado
e acerta.
Um olho vendo
um olho veda
desejo é fera
a mão atiça.

Adriana Calcanhoto
(*A fábrica do poema*)

    A vida na rua é escrita no corpo. Já na admissão de um novo elemento no bando, é na superfície do corpo que as provas de esperteza e de tolerância à dor são realizadas. Ao bando cabe selecionar os atores que, numa situação de conflito ou de pressão policial, não se constituam em delatores. Dessa forma, um dos "rituais de entrada" no bando é a medida de tolerância à dor do candidato. Ele deve oferecer suas mãos a um membro do bando que irá esfregá-la até ferir, observando se o candidato suporta silenciosamente a tortura. A maior tolerância lhe confere um lugar de destaque no bando. Este é um dentre muitos rituais.

As marcas, cicatrizes, o corpo impregnado de sujeira indicam um maior tempo e, portanto, uma maior "adaptação" e conhecimento da rua, o que faz com que o menino adquira um certo "respeito" no bando e com os rivais.

As quedas constantes das traseiras dos ônibus, muitas vezes provocadas pela negligência deles próprios – malabarismos com o ônibus em movimento – ou pelas intransigências dos motoristas, ferem constantemente. As queimaduras são frequentes sobretudo no inverno, provocadas pelas fogueiras que enganam o frio da noite ou causadas pelos próprios companheiros. Não é raro, enquanto dormem, serem cobertos, por outros moradores da rua, com pedaços de plásticos onde é colocado fogo, causando queimaduras graves.

Uma das barbáries presentes entre eles, querer o mal do corpo, do corpo do Outro que o representa, é um dos nomes do gozo. Os atos de punição quando "pisam na bola", traem o companheiro ou o bando é a escrita no corpo das insígnias de uma lei feroz.

Também são evidentes os resquícios de torturas policiais ou das brigas com os iguais. "Furar" o corpo do outro ou ter o seu "furado" em decorrência de facadas ou cortes com outro objeto qualquer é fato muito presente entre eles.

Contaram-me de uma criança com um caco de vidro na mão que dizia no momento de assalto: "Eu não tenho nada a perder. Me dá a bolsa senão te furo". Nesse dizer, ele já perdeu tudo e o Outro parece permanecer intacto.

Sabemos com a psicanálise que, para o sujeito se constituir, o Outro deve portar um furo. Esse furo no Campo do Outro é o lugar onde a criança inicialmente se instalará como falo imaginário. Vimos que uma das razões da ruptura desses meninos com a mãe e o pai indica, de alguma maneira, uma queda do valor fálico como resposta ao não encontro de um lugar no desejo do Outro. Talvez possamos ler nessa escrita do movimento de furar ou expor-se ao furo uma tentativa de interrogar o estatuto desse Outro e, ao mesmo tempo, de barrar o Outro, de marcar a falta no Outro (gozador), onde o Nome-do-Pai falha no estabelecimento de fronteiras, para depois revestir o furo, organizá-lo. Trata-se aí de uma atuação da angústia do desamparo.

O corpo parece funcionar como uma espécie de escudo, exposto e entregue a agressões e violências e o sujeito parece estar ausente. É comum, nos Programas de Atendimento, o apelo aos primeiros...

segundos... terceiros socorros. É imperativo ferir de novo, cravar na carne a marca.

"Quero aquele remédio que arde mais" – Pedido intrigante, incomum entre as crianças.

Freud, em 1905, nos "Três Ensaios para uma teoria da sexualidade", postula o conceito de pulsão, como um "conceito situado entre o psíquico e o somático". O corpo, tal como Freud o pensou, é constituído por uma anatomia imaginária, recortada pela sexualidade, isto é, constituído de zonas erógenas. Nessas "ilhotas de gozo", tem origem à pulsão (*Trieb*) cuja meta é a satisfação. Meta interna, diz Freud, no próprio corpo, ou externa, num outro corpo, num objeto exterior. Essa pulsão padece de muitas vicissitudes – seus objetos são constantemente substituídos – é a variável da pulsão. Sua constante é a satisfação. O corpo é então, simultaneamente, a fonte, o objeto e o alvo da pulsão.

Lacan situa a pulsão como um dos conceitos fundamentais da psicanálise. A pulsão é vontade de gozo. O gozo é sua satisfação. Na sua radicalidade, a pulsão quer satisfação, independentemente dos "atrativos" do objeto e das fronteiras do bem.

> Por isso o gozo, é em Lacan, o fundamento de uma ética. De uma ética que não é a do bem-estar, do prazer, do conforto. Precisamente, o paradoxo freudiano da pulsão de morte e do mais além do princípio do prazer é que o ser humano, ao estar atravessado pelo significante, tem como bem supremo algo que não é prazeroso (RABINOVICH, 1989, p. 15).

O corpo marcado em sua superfície é afetado em seu gozo. Para esse sujeito, parece imperativo ferir de novo, marcar a carne quando o significante não vem para desertar o gozo do corpo. Do mesmo modo, e paradoxalmente, essa maneira radical de esculpir na carne as marcas pode funcionar como uma tentativa de fazer retornar ao corpo o gozo irrecuperavelmente perdido.

Essas crianças e adolescentes servem-se, também, das tatuagens coloridas. Traçam no corpo caveiras, cobras, armas, o próprio nome, o nome da mãe... Sinais bizarros que cumprem a mesma função. Quando não, a moda vem talhar o corpo, criar uma imagem, sem tocar a carne, aí onde as cicatrizes, de modo radical, fazem incisão da forma. As roupas de "marcas" são cobiçadas nos furtos. Andar "estribado" torna-se uma exigência. A palavra "estribado" quer dizer "seguro ou apoiado em estribo ou qualquer objeto". Talvez numa maneira de "encorpar", esses sujeitos sublinham, de uma maneira muito particular, os eventos de sua vida, pontos de fixação do real, emplacando-os no corpo.

Os colares de contas coloridas dependurados no pescoço, homenagens aos santos protetores, são verdadeiros fetiches. Não trocam, não vendem, não deixam tocar. No dizer dos meninos, servem para "fechar o corpo". Corpo aberto aos avatares do gozo. Esses eventos cravados no corpo poderiam funcionar como um dos Nomes-do-Pai? Poderíamos nos perguntar, tal é a insistência com que se os praticam.

Numa das atividades no Programa de Atendimento assistíamos a situações que ilustram a relação dos meninos e meninas, com o corpo. Uma menina, sob orientação do educador, deveria servir de "modelo". Ficando por alguns instantes exposta ao sol, imóvel, deixava no chão sua sombra refletida para que uma outra pudesse, com o giz, desenhar os contornos do corpo sombreado. Feitos os contornos, era convidada a prosseguir o desenho, configurando o corpo.

Embora fosse uma atividade que eles apreciassem muito, causava grande espanto aos educadores a dificuldade com que tentavam dar forma àquele contorno. Uma ignorância e um alheamento impressionantes. Não sabiam, por exemplo, onde colocar os olhos, os seios ou outro órgão qualquer. Como se o corpo lhes fosse completamente estranho.

Alguns rapazes e moças, num movimento de passagem da rua para o Programa Geração de Trabalho,[1] ao serem confrontados com o pedido do número do manequim e do calçado, por desconhecimento, disseram um número qualquer. Quando foram receber os uniformes e os sapatos, detectou-se que não serviam neles, ao que disseram: "nunca compramos ou escolhemos roupas ou sapatos" – "pisantes", na linguagem deles.

Com Lacan, sabemos que o corpo é, sobretudo, simbólico, porque é habitado pela linguagem. Somente investida pela palavra do Outro a imagem corporal ganha corpo, ou seja, com a aquisição da linguagem, as experiências corporais tornam-se significantes, se codificam e estruturam a subjetividade. O corpo é, assim, um enigma

---

[1] Refiro-me ao Programa de inserção no mundo do trabalho criado pela Associação Municipal de Assistência Social – AMAS, por Vera Victer, no governo de Patrus Ananias.

feito de palavras. Para muitos desses meninos, o corpo, cifrado por essas marcas de sofrimento, é carente de decifração.

A sexualidade concerne ao corpo. Esse desconhecimento, essa ignorância, é o testemunho clínico também de um impasse quanto ao sexo. Como disse anteriormente, meninos e meninas, no bando, são indiferenciáveis à certa distância, pelo modo de trajarem-se e pelo estilo. O estilo e a forma de exercício de liderança no interior do bando pelas meninas são mimetizações do campo do masculino. Cabelos curtos, bonés, calção, uma certa rigidez e rispidez dos gestos, a altivez, a fala grossa...

Não obstante, mesmo no acasalamento entre dois do mesmo sexo há uma certa divisão de papéis masculinos e femininos. Confusos, exagerados, contraditórios, mas há uma tentativa. O fato de "ser homem" ou "ser mulher" não decide de antemão as posições feminina e masculina. Esta posição exige uma decisão sobre a significação não apenas do próprio corpo, como da diferença dos sexos. Esses atos, no bando ou nas Unidades de Atendimento, não deixam de ser os sinais da posição, de cada sujeito, face ao enigma dos sexos.

Muitas vezes, essa forma de estar e viver no bando é diluída nas Unidades de Atendimento. Ali, as meninas consomem muito tempo subindo as bainhas da saia, quando não, escrevendo ou copiando cartas e versos de amor. A sedução exacerbada rouba-lhes todo o espaço e tempo.

Os objetos ou ações ganham nomes de pedaços do corpo, denunciando sua configuração: "Boca" é uma espécie de furto; "Perna", dinheiro. "Carinha" um pedaço ou porção... Essa nomeação dada não seria uma denúncia desse estranhamento do sujeito com o corpo enquanto instância de gozo?

A ADULTERAÇÃO DO NOME

Sobre Custódia

Era assim que ela se chamava
E não sem razões a incomodava
Passar o tempo assim
Sob a guarda e a encomenda
Do prenome
Catita em
Cativa eira

Maria Mercedes Merry Brito
(*Catita: nome popular-Brasil: cadeia)

Em cada instituição onde o "menino de rua" faz sua entrada, um novo nome é forjado por ele, para o registro. Um para a SETASCAD,[1] outro para o CEOM, Juizado de Menores, Programas de Atendimento, entidades filantrópicas. Para os "considerados" – pessoas com quem estabelecem uma transferência –, há alguma chance de se apresentar com o nome "verdadeiro", o que pode levar muito tempo.

As instituições, sobretudo as públicas e ou as financiadas por recursos que não são próprios, também usufruem disso. A "produtividade" é aumentada. Atender a um mesmo menino com dez nomes diferentes pode contar como fossem dez meninos. Isso não é sem efeitos, posto que sustentam esta adulteração realizada por eles.

Essa adulteração do nome não passa de mais um dos mecanismos de proteção de que o menino lança mão para a sua sobrevivência.

---

[1] SETASCAD – Secretaria Estadual do Trabalho, Assistência Social e da Criança e do Adolescente, criada pelo Governo do Estado de Minas Gerais nas antigas instalações da FEBEM/MG.

Isso não está excluído. Não obstante, parece-me interessante pensar nas implicações que essa adulteração tem para o sujeito, notando a leitura que a psicanálise faz do nome próprio e de sua função. Uma outra dimensão é a da nomeação feita pelo bando.

O nome próprio não é como um substantivo comum com o qual se pode designar os objetos inanimados e os seres. O nome não guarda semelhança com as demais palavras que, sejam quais forem suas distinções, mantêm uma certa solidariedade e podem definir-se entre si, não sendo passível de significado. Um nome não se faz a partir de nada, mas a partir de quem nomeia. Algo do doador do nome passa pelo nome e lhe dá lastro. O nome e o prenome que identificam uma pessoa vêm da família, dos pais e identificar-se por esse meio faz com que o sujeito confronte-se com o desejo do Outro. Porém,

> Isso não funciona sempre; às vezes o nome é curiosamente leve, não suficientemente nutrido pelo pai, o que deixa vaguear um não nomeado pelo pai. [...] O nome que carregamos pode ou não tornar-se um nome, se ele vem nomear o que não existia antes de ser nomeado o próprio ser do sujeito, o laço de seu desejo (RABINOVICH, 1998, p. 108).

Podemos estabelecer uma distinção entre o prenome e o patronímico. Diferentemente do prenome, que está sob a égide da identificação imaginária – vários viventes podem ser portadores de um mesmo nome, que carrega uma significação e que permite designar um atributo ou função –, o patronímico não dispõe dessa mesma lógica. Não permite coletivizar (como "Marias", "Josés", "Joãos") nem designar atributos ou funções, posto que concerne unicamente ao lugar numa filiação, numa descendência. É o patronímico o que não permite que se perca a identidade no anonimato e no coletivizável do grupo social (POMMIER, 1992, p. 20).

O patronímico serve para simbolizar o falo. Carregar um sobrenome é pressupor que se possa ter daí um poder fálico. O patronímico é a metáfora do falo. Desse modo, é simbólico, refere-se a uma paternidade simbólica. Mas é o Nome-do-Pai que introduz o nome próprio. É no nome próprio que o sujeito surge, por um lado, e se introduz no real, por outro, pela letra do nome.

> O nome é sinal daquele que fala, o traço que ele pode deixar para atestar um dizer e permite dispor de um referencial aparentemente seguro de identidade e da singularidade (POMMIER, 1992, p. 20).

Adulterando o nome, o sujeito é subtraído, já não deixa o testemunho de seu dizer, perdendo a voz. A propósito das mudanças de patronímico, como é comum entre os artistas ou religiosos, o nome escolhido não deixa de ser um memorial da perda do patronímico e pode ser sinal de uma carência de identidade para a qual se busca remédio num pilar mais seguro e grandioso como na obra ou em Deus (POMMIER, 1992, p. 20).

Não é o de que se trata entre os "meninos de rua". O que se passa é uma adulteração do nome como atestado de sua necessidade de anonimato para o exercício de atos ilícitos que a vida na rua impõe. É na impropriedade das ações que buscam a transgressão reiterada da lei. São atos sem assinatura, posto que os nomes são constantemente alterados. Nenhum sinal, nenhum resíduo do patronímico. Adulteração que faz os contornos de sua indigência. O que também não deixa de denunciar uma deficiência paterna que faz com que o sujeito permaneça aberto às possibilidades de gozo.

A perda do nome garante uma imobilidade dessa função paterna e, no espaço em que ele sucumbe, um gozo diferente do gozo do falo que ele simboliza, se faz possível. "O nome fixa o destino."[2] Para escolher um certo caminho para o gozo, a perda do patronímico é necessária porque algo da função paterna barra esse caminho. É assim que as mulheres, por exemplo, em diferentes culturas, perdem o nome patronímico e ganham o do homem escolhido, como um certo franqueamento do gozo (POMMIER, 1992, p. 22).

Não obstante, a adulteração que esse sujeito processa é de outra ordem que a da perda. É uma forma de fazer balizas a isso que poderia obstruir o caminho do gozo. Na rua, há também que "fazer o nome". É preciso uma identidade no bando que lhe dê a sensação de pertinência. Os apelidos lhe dão acesso a inserção no bando e no banditismo.

> Essa nova designação qualifica, pelo viés de um ideal às avessas, o indivíduo para o ingresso num meio coletivo disperso. [...] O novo nome cristaliza o imaginário de uma nova identidade e lhe confere uma unidade no seio da exclusão, atenuando-lhe dessa maneira as angústias advindas do abalo narcísico dessa nova vida (LAGE, 1992, p. 2).

---

[2] Ver PORGE, Erik. *Os Nomes do pai em Jacques Lacan*. Rio de Janeiro: Companhia de Freud, 1998. p. 16.

O bando impõe que se faça um nome "impróprio". É assim que ele se mantém, e aos seus membros, nessa "bolha" fechada para o coletivo. Ao mesmo tempo e, curiosamente, ao adulterar o nome, o sujeito no seu ato não deixa sua assinatura, pois não é o "Marcos" ou a "Mônica" quem assalta, machuca, transgride, mas o "Bonecão", a "Xuxa". Assim, o sujeito não está lá, habitando seu dizer e seu ato. Não se implica, não se responsabiliza, não responde por ele. É possível que só se reconheça nestes nomes forjados entre os iguais no universo restrito do bando. O preço que paga é sua indigência. Por outro lado, arrisco-me a dizer que este é um modo, canhestro, mas é um modo de fazer valer o pai, enquanto instância da lei. É um ato que, paradoxalmente, fica a serviço da tentativa de eficácia do Nome-do-Pai.

Não é para passar desapercebido que o menino, no bando, ganha nome de "coisa", de objeto ou de lugar. "Manchinha", "Toquinho", "Bonecão", "Carioca", "Ceará". Pergunto-me se esse modo de nomear não seria uma denúncia em ato do lugar imaginário no qual o sujeito se encontra na relação ao Outro: "objetalizado" ou até "coisificado".

Solal Rabinovich nos diz, a propósito da psicose, que o errante não nomeado pode dar um "nome-coisa", completamente material, feito de uma maneira ou de outra, que ocupa e sobreocupa o lugar do Nome-do-Pai; um nome-coisa que se toca ou se lê serve como transferência ou como pai (RABINOVICH, 1998, p. 109).

Certamente não estou dizendo que se trata de pensarmos, aqui, na estrutura da psicose, mas de servirmo-nos deste dizer para tentar ler o que se passa com os meninos na bolha do bando, na loucura que a rua precipita.

Um adolescente foi internado numa instituição pública, por determinação judicial, por se tratar de um "infrator". Era um homicida. Esse ato – depois relata – o aterroriza. Como num ato impulsivo, que não é feito de um sujeito – como Lacan assinala em "Psicanálise e Criminologia"[3], quando o sujeito o executa em um estado crepuscular, com uma sorte de "obnubilação da consciência". É como se o sujeito estivesse ausente de seu ato, como se somente após a sua execução pudesse encontrar um instante de sua ex-sistência.

Délson relata na clínica que não quer mais ser chamado de Délson, mas de Dilson. Délson morreu com o outro que matara. Faz uma

---

[3] Ver LACAN, Jacques. Introdução teórica às funções da Psicanálise em criminologia. In: *Escritos*. Rio de Janeiro: Jorge Zahar editor, 1998. p. 127.

demanda insistente aos educadores para que o chamem de Dilson. Esses, por sua vez, se interrogam se devem atender esse pedido. Como chamar Délson? Délson mata, por isso, está morto. Desse modo, esse sujeito traça sua poética. Troca do nome uma letra... tentativa desesperada de trocar o seu ser...

Na fresta da instituição e de sua demanda se esboça a palavra de Dilson. Ela serve de ponto morto para o engendramento da vida. Nesse jogo de nomes, uma tentativa de suportar o "abalo" ou de suturar a ferida narcísica e, porque não, de fazer valer o Nome-do-Pai.

Uma língua amordaçada

> A língua dos guaranis é gárrula: para eles é muito
> mais importante o rumor da palavra do que o
> sentido
> que elas tenham.
> Usam trinados até na dor.
> Na língua dos Guanás há sempre uma sombra do
> charco em que vivem.
> Mas é língua matinal. Há nos seus termos réstias de
> um sol infantil.
>
> Manuel de Barros
> (*Ensaios fotográficos*)

Os "meninos de rua" criam para si uma língua própria, passível de deciframento só por um igual. Mais que um artifício de sobrevivência, essa maneira de falar coloca-nos algumas questões.

Perguntava-me inicialmente se a linguagem forjada por esses adolescentes seria – como a de qualquer outro adolescente – uma certa estratégia de proteção, ao mesmo tempo em que se constituiria num "atestado" da produção de um espaço, já que o adolescente não tem um lugar simbolizado.

Pensei na relação dessa língua falada entre eles com a gíria falada pelos adolescentes de um modo geral. No entanto, no nosso dicionário[1] encontramos este significado: "Gíria é uma linguagem que, nascida num determinado grupo social, termina estendendo-se, por sua expressividade à linguagem familiar de todas as camadas sociais".

---

[1] Refiro-me ao *Novo Dicionário Aurélio da língua portuguesa*, Editora Nova Fronteira.

Se as gírias entram na linguagem comum, na "língua do povo", a língua desses meninos tem pouco alcance fora do universo da rua.

Essa língua criada faz semblante à indigência, ao isolamento, à "bolha" que é o bando e vai pouco a pouco, se conformando aos seus limites. Não chegando a se constituir numa subversão do código, é uma língua amordaçada, que expressa uma vontade de sentido – e não de significação – expressão desse ritual vivido no bando, na rua, fazendo circular o peso da pobreza. Essa vontade de sentido consiste em eliminar o duplo sentido. A palavra acossa a coisa. Só é capaz de alcançar o sentido um igual ou "considerado". Uma vez lida por um elemento estranho ao bando, já não circula mais, outra palavra é forjada. Interessante perguntar se esse modo de falar, de não se fazer entender, não pode ser pensado como a produção da língua interdita. Fica como questão...

"Tirar picote", ter relações sexuais, o mesmo que "levar". "Escamar", bater, espancar. "Enquadrar", roubar casas. "Um Galo", mil reais. "Prego", trabalhador, honesto; "Intrujão", atravessador de mercadorias; "Bico", os observadores. "Morcegar", malandrar...

Sabemos com a psicanálise que a língua reenvia o sujeito ao Outro de quem está separado pela linguagem, pelo "muro da linguagem" no dizer de Lacan. Talvez seja importante perguntarmo-nos se essa língua falada só entre os iguais não viria, de um lado, denunciar essa separação e, de outro, paradoxalmente, tentar suprir essa falta de harmonia, essa ausência de relação.

É com esta língua que os meninos "estão dentro", na medida em que ela é interditada aos que *estão fora*. Não obstante, o risco é de que, nessa língua amordaçada, o sujeito perca a palavra, pois esse discurso, na medida em que comanda o sintoma social, pode se reduzir a um laço social, a uma organização em que o que é buscado de um, no outro, é a morte juntos (MELMAN, 1992).

Para nós, trata-se de pensar, como Lacan propõe em *L'Étourdit*,

> Uma psicanálise tal que não se esperem recensear os mitos que condicionaram um sujeito, tenha ele crescido no Togo ou no Paraguai.

É interessante também poder precisar o tipo de organização que daí decorre e aquilo que aí pode fazer lei, deixando-os dizer.

Bando e grupo – Uma distinção necessária

> A vida e a morte se engendravam, se
> multiplicavam, se desfaziam, se refaziam,
> tudo estava emendado e sem fim no círculo da torrente
> coagulado em seu equilíbrio.
> A dor não tinha nome, tudo era um pensamento inteiro, vivendo-se.
> Era uma plenitude, uma comunhão: tudo era secretamente único e imortal.
>
> Cecília Meireles
> (*Poesia Completa*)

Trago aqui algumas pontuações acerca do bando e o grupo no sentido de assinalar que é necessária uma distinção entre esses dois "dispositivos", se quisermos fazer avanços no atendimento aos meninos e meninas irresidentes.

Como dissemos, muitas vezes os bandos aos quais os meninos pertencem são reproduzidos no interior das Unidades de Atendimento, inviabilizando o trabalho previsto para ser realizado em grupo.

Não basta deslocar o bando da rua, de seus locais de fixação e/ou concentração para as Unidades de Atendimento a fim de que ganhe o estatuto de grupo. Há uma lógica a ser entendida para ser desarticulada.

Os bandos, ao se reproduzirem no espaço de atendimento, levam com eles sua lei enlouquecida, sua lógica de organização, seus valores, sua cultura. Torna-se necessário precisar: que espécie de estatuto tem o bando? O que o difere de um grupo? O que o mantém? que espécie de valores é ali produzida e reproduzida?

Freud, em 1921, escreve seu trabalho *Psicologia do Grupo e Análise do Eu*, na perspectiva de tratar as nuances do indivíduo/coletivo, pensando nas questões da constituição das massas. Ali, Freud vai tecendo muitas considerações sobre o grupo e interroga-se sobre o que é um grupo e como ele adquire a capacidade de exercer uma decisiva influência na vida psíquica do sujeito. Ele usa das elaborações de Le Bon para responder às suas questões iniciais. Este teórico sustenta que a peculiaridade mais marcante de um grupo é a de que sejam quem forem os indivíduos que o compõem, por semelhantes ou dessemelhantes que sejam seu modo de vida, suas ocupações, seu caráter e sua inteligência, eles pensam, agem e sentem no grupo de maneira inteiramente distinta da que pensaria, agiria e sentiria, caso estivesse só.

Le Bon diz ainda, como assinala Freud, que os dons particulares dos indivíduos se apagam num grupo e que, dessa maneira, sua distintividade se desvanece. Eles apresentam novas características que não possuíam anteriormente devido à, pelo menos, três fatores. O primeiro é que o indivíduo, num grupo, tem um sentimento de poder invencível. Ao mesmo tempo, o grupo por ser anônimo, é por consequência irresponsável, desaparecendo por completo o sentimento de responsabilidade do indivíduo. Para Freud, porém, importam menos as características novas que a capacidade que o indivíduo tem, num grupo, de arrojar os recalcamentos de suas moções pulsionais inconscientes.

Freud, acompanhando Le Bon em suas teorizações, adverte-nos em relação a sugestionabilidade do indivíduo no grupo, à falta de consciência por seus atos e sua impetuosidade, às tendências das ideias numa direção idêntica, à tendência de transformar ideias sugeridas em atos e sua transformação em uma espécie de "autômato que deixou de ser dirigido pela sua vontade" (FREUD, 1976 [1921], p. 99).

Ele prossegue suas considerações asseverando que um grupo é extremamente crédulo e aberto à influência, não possuindo faculdade crítica, e mais ainda, o improvável não existe para ele. Não conhece a dúvida nem a incerteza, tem sentimentos muito simples e exagerados, indo diretamente a extremos. No grupo, as ideias mais contraditórias podem existir lado a lado e tolerar-se mutuamente sem nenhum conflito, como acontece na vida psíquica inconsciente das crianças e dos neuróticos, diz Freud. Um grupo ainda está sujeito ao poder verdadeiramente mágico das palavras e não anseia pela verdade e, mais, se coloca instintivamente sob a influência de um chefe, ajustando-se às suas qualidades pessoais.

> Um grupo é um rebanho obediente, que nunca poderia viver sem um senhor. Possui tal anseio de obediência, que se submete instintivamente a qualquer um que indique a si próprio como chefe (FREUD, 1976 [1921], p. 105).

Para Freud, o que mantém unido um grupo são os laços de identificação e *os laços de amor*. O indivíduo se deixa sugerir e guiar por um líder, é influenciado por suas ideias, perde sua distintividade, diz Freud, em nome de sentir necessidade de estar em harmonia com o líder do grupo, de preferência a estar em oposição a ele, "de maneira que afinal de contas o faz pelo amor deles" (FREUD,1976, [1921], p. 114.).

Após estas considerações, podemos nos perguntar o que faz a diferença entre o grupo e um bando que, aparentemente, tem este mesmo funcionamento. Para trazer alguns apontamentos sobre o tema, tomo o trabalho de Freud intitulado *Totem e Tabu*, de 1912-1913, no qual ele elabora o mito da horda primeva. Diz ser a horda a forma primitiva da sociedade humana, mantida por um macho poderoso. A horda é um grupo com uma organização muito primitiva, próxima, podemos dizer, da organização dos bandos.

> Ora, o que o mito descreve é que o humano surge do crime (o assassinato do pai) e da lei (a proibição do totem): o desejo retorna como lei. Portanto, ao se afirmar que os bandos de meninos de rua fazem a horda, não está se apelando para nenhuma espécie de verdade histórica; a horda, resguardando-se o sentido da obra freudiana, não pode ser relembrada como um acontecido, antes está fora do tempo, espreita o homem desde seus desejos primeiros: o gozo que o invade e a eliminação daquilo que lhe faz obstáculo (MAIA & FEREZ, 2000, p. 59).

Não obstante, parece-me ainda necessário fazer um esforço de elaboração no sentido de tentar precisar as distinções entre grupo e bando, mesmo aproximando-o de um grupo primitivo, uma horda.

Neste mesmo trabalho, Freud nos diz que o parricídio é o crime primordial e, como tal, fonte de toda culpa do homem. Esta culpa gera uma necessidade de punição, de expiação. Em virtude da ambivalência de sentimentos em relação ao pai, é facultada uma tentativa de rivalização que pode se expressar nos termos do desamor e da indiferença. Este sentimento parricida continua no inconsciente e é a esteira da culpa. Essa situação edípica sofre recalcamento, mas deixa traços inconscientes que atuam permanentemente no "eu" e deixa um herdeiro: o supereu.

O supereu assume o caráter do pai, adotando uma atitude sádica para com o eu que, por sua vez, se apresenta masoquista, inteiramente passivo. O eu, ao depender do supereu, se oferece como vítima masoquista que goza de maus-tratos infligidos pelo outro (FREITAS, 1999, p. 159).

Estas breves considerações nos interessam para esboçar a distinção entre bando e grupo. Se o grupo se sustenta pelos laços de amor, amarrados pelo imaginário do ideal do eu, o que está a comando no bando é o supereu, enlaçando seus membros em relações sustentadas no masoquismo moral. Freud dirá que o masoquismo moral é o legítimo representante da fusão pulsional (Eros e Tanatos). Não obstante, ele é originário da pulsão de morte e corresponde à parte que não foi colocada no mundo externo, permanecendo no supereu, embora apresente também um viés erótico, daí haver uma satisfação libidinal na própria destruição.[1]

Podemos dizer, sim, que o bando é governado despoticamente, quase sempre por um macho poderoso. O "chefe" se impõe pela força, esperteza, capacidade de liderança e, sobretudo, pelo conhecimento da lei da rua, adquirido com o tempo. Cabe a ele controlar a entrada de novos membros, organizar as ações do bando, distribuir tarefas tais como: aquisição de alimentos, drogas, vestuário da moda, dinheiro para o lazer. A partilha dos bens, ele a dirige a partir de critérios pessoais e de seus caprichos, bem como o rateamento do dinheiro conseguido, o local de fixação, a ordem interna do bando, as relações amorosas. Dita a lei onipotente e caprichosa.

A dependência ao líder por todos os membros do bando é marcadamente clara. O bando mantém com o líder uma fidelidade impressionante, uma vez que ele controla, protege e dirige cada um. É também ao líder que cabe, muitas vezes, a iniciação sexual das meninas. Ele pode definir quando ela está "pronta" e é a ele que ela "pertence" primeiramente. O que não deixa de ser para ela motivos

---

[1] Ver FREUD, S. *O problema econômico do masoquismo*, 1924, vol. XIX, p. 210-212.

de muitos privilégios. Depois, ela pode escolher outro parceiro que também exige fidelidade incondicional.

Participando, em algumas circunstâncias, de forma débil da vida econômica do bando (uma vez excluída de grandes assaltos, resta-lhe o furto de correntinhas de ouro, óculos e relógios), a menina-mulher permanece assujeitada ao parceiro e constantemente é vítima de punição, quase sempre sexual. A competição entre elas é intensa e marcada por excessiva violência, o que dificulta a manutenção de bandos de meninas, embora esse movimento esteja sempre presente.

Algumas moças, porém, tomam a seu encargo a constituição de um bando e agem da mesma maneira caprichosa e despótica, liderando meninos e sua posição fálica, rouba-lhe qualquer traço do feminino. Interessante escutar, entretanto, que muitas vezes os membros de seu bando a reconhecem como a "mãe da rua".

O bando vai, pouco a pouco, substituindo o grupo familiar. Os laços com a família, se os meninos conseguem mantê-los, são enfraquecidos e, para muitos, inexistentes. A rua vai fazendo o desenlace. Com o corpo e a vida marcados pelo fracasso, pelo sofrimento escrito na pele, pelos problemas constantes com a polícia, vai se tornando impossível o retorno. Para muitos deles, não há para onde retornar, pois ninguém os espera...

O bando, ao contrário do grupo que tem a comando, o "ideal de eu", se impõe pelo imperativo do supereu. Imperativo: goza! O que pressupõe uma lei. Não uma lei apaziguadora, mas uma lei insensata, parente do masoquismo primordial. Lei feroz, louca. E o líder, que possui os traços de um fora da lei, exerce um despotismo que o bando considera, de certo modo, benévolo.

Muitas vezes, a tentativa de "fisgar" um ou outro elemento de um bando para ser encaminhado aos Programas de Atendimento, ou mesmo a tentativa de desarticular a lógica do bando, coloca impasses éticos. Pode parecer paradoxal, mas é fato. O bando é estruturado como uma solução. É o único modo de manter a sobrevivência na rua, que se torna impossível sem esse recurso, já que o bando oferta o engodo do pertencimento, da inclusão, da aceitação, capazes de diluir o abandono, o medo e o desespero que a rua impõe.

É preciso, então, que uma outra lei possa ser oferecida. Uma lei que escape à impostura da lei do bando ou até mesmo, em alguns casos, da polícia.

Dissemos que a rua se constitui no lugar de deslocamento de uma cena. Desse modo, usando o termo freudiano, é um movimento de "cura". Movimento falho, mas movimento. Do mesmo modo funciona o bando. Sua desarticulação pressupõe a oferta de uma outra saída, que nem sempre os Programas de Atendimento podem oferecer, uma vez que tudo se articula em torno do necessário. Como no bando, não há lugar para o desejo... A aposta é transformar o bando em grupo, muitas vezes apenas pelo transporte da rua às casas onde se dá o atendimento. Isto aponta para a necessidade de repensar as formas de intervenção.

Não saberia dizer se podemos tomar os laços entre os componentes do bando e o líder como laços de amor. Embora a irresponsabilidade e impetuosidade dos atos, bem como a sugestionabilidade, a obediência e o indivíduo "autômato" – onde o sujeito e seu desejo são "vaporizados" – se expressem também no bando, como em um grupo, o que funda um bando, o que o mantém unido, é o despotismo, um narcisismo às avessas, que massacra cada um dos seus membros, ao mesmo em tempo que os mantêm.

Lacan, no *Seminário Livro 8, A Transferência*, nos adverte, a propósito do que Freud já havia postulado:

> Na referência à realidade do bando, encontramos uma interessante transposição daquilo que Freud nos articula sob a forma do perigo interno. Encontramos ali, precisamente, a confirmação daquilo que lhes disse sempre com relação ao universal, o individual, e o coletivo são um só e mesmo nível. O que é verdadeiro no nível do individual, esse perigo interno, é verdadeiro também no nível do coletivo. O perigo interno ao sujeito é o mesmo que o perigo interno ao bando (LACAN, 1992[1960-61], p. 355).

Lacan atribui esse fato à originalidade do desejo como tal. Na medida em que o desejo vem para preencher a falta de certeza ou de garantia o sujeito se acha confrontado com aquilo que lhe importa, de vez que ele não é apenas um animal do bando. O sujeito está, tanto no nível coletivo, quanto individual, na relação com o significante. No dizer de Lacan, o bando não se acomoda com a ação do sujeito, para não dizer que não a quer. Em outras palavras, o bando não permite existir o sujeito. O risco é perpetuar a *forclusão* do sujeito, tão comum nas instituições – tendo como saída do bando, a entrada no grupo. Isso não possibilita os efeitos de sujeito. De "bando de meninos de rua" para "grupo de meninos de rua", a "vaporização" do sujeito é da mesma ordem. É preciso uma volta a mais.

Sabe-se que os bandos são explorados e usados por adultos e até por policiais. São questões que a luta pela da cidadania tem que contemplar. Não obstante, é preciso lembrar que o inimigo do bando é ele mesmo...

Os impasses e os passos da assistência – repensando os modelos de atendimento

> A educação deve escrupulosamente abster-se de soterrar essas preciosas fontes de ação e restringir-se a incentivar os progressos pelos quais essas energias são conduzidas ao longo de trilhas seguras.
>
> Sigmund Freud

Antes de discutirmos os modelos de intervenção na questão dos meninos e a rua propostos ao longo dos últimos anos, convém situá-los no âmbito das políticas sociais de atendimento ao "menor", que por sua vez não escapam de sua inscrição no quadro geral das políticas sociais do Brasil.

As medidas de Assistência sempre foram definidas a partir de critérios legais. Se "as crianças enjeitadas pelas famílias deveriam ser atendidas pela igreja, transferidas para conventos, hospitais e irmandades, financiada com recursos da municipalidade", conforme podemos situar na história social (Rago, 1985), é em 1927, com o "Código de Menores", que é institucionalizada a obrigação do Estado de assistir o "menor". O Código de Menores, define um instrumento legal da política de assistência, dirigido àqueles que, inseridos na miséria de suas famílias, tornavam-se dependentes da ajuda pública. Presidido por uma tônica corretiva: "educar e disciplinar moral, física e civicamente os menores" – vistos como produtos de "pais irresponsáveis" ou da "orfandade", o Código já dispunha da internação como solução do problema do menor.

O problema situado nas "famílias irresponsáveis" diluía a questão fundamental geradora dos chamados "menores": a desigualdade social. Firmado numa perspectiva individualizante do problema do menor, a solução estava posta: internação dessas crianças em instituições educacionais onde teriam corrigidos os defeitos de sociabilidade adquiridos, como prescreve o Código, pela irresponsabilidade das famílias ou da orfandade.

Em 1941, uma lei criava o SAM – Serviço de Assistência ao Menor, que ensejava ir além do caráter normativo do código, centralizando a execução de uma política nacional de assistência.

> O SAM deveria sistematizar e orientar os serviços de assistência a menores desvalidos e delinquentes, internados em estabelecimentos oficiais e particulares (FUNDAÇÃO JOÃO PINHEIRO, 1978).

As "Escolas Modelares", por que não dizer modeladoras, deveriam recolhê-los, abrigá-los e estudá-los. Além da perspectiva corretiva, intensionava-se a Assistência ao Menor. A Assistência é interpretada como controle social.

O fracasso completo dessa experiência de confinamento e exclusão dessas crianças e adolescentes do contexto marginalizador vazaram os muros do SAM e as estatísticas apontavam um aumento crescente e significativo da delinquência. Mas só dez anos depois dessa constatação é que o Estado, pressionado pelas elites, propõe a criação de uma "Entidade liberal" que buscasse a humanização do atendimento condenado à internação, embora constasse nos seu projeto um destino diferente às crianças e adolescentes.

Desse modo, em 1964 é criada a Fundação Nacional do Bem-Estar do Menor (FUNABEM) através da lei 4.513 de 1/12/64, apresentada em 1965, gerada nos laboratórios do regime autoritário do Brasil, da qual foi expressão viva e concreta, para responder à falência do SAM. Caberia à FUNABEM: "formular e implementar a política nacional do bem-estar do menor (PNBEM), mediante estudo do problema, planejamento das soluções e orientação, coordenação e fiscalização das Entidades que executam tais políticas". Além disso, a proposta de atendimento ao "menor" estaria ancorada na ideia de uma instituição diferente, não mais paliativa e onde o mais importante não seria a internação.

> Ao contrário, iria proteger a criança na família, estimular obras que ajudem neste propósito; vai auxiliar os juízes de menores; dar

> assistência técnica especializada aos Estados, Municípios e entidades públicas ou privadas que solicitarem; vai enfim, atualizar os métodos de educação e reeducação de menores infratores ou portadores de graves problemas de conduta. E mais que tudo, vai adotar meios tendentes a prevenir ou corrigir as causas do desajustamento (ALTENFELDER, 1977).

Absorvendo os recursos das burocracias estaduais de assistência, são instituídas as Fundações Estaduais do Bem-Estar do Menor – FEBEM's, (antes DSM – Departamento Social do Menor). Resulta dessa centralização normativa, política e financeira exercida pela FUNABEM a incapacidade prática das Fundações Estaduais e demais Agências executoras (Entidades Particulares Conveniadas) que, além de não definir seus recursos segundo as exigências de cada Estado, deveriam conviver com a receita – tanto em termos orçamentários, quanto de prescrições do que fazer – já pré-definida e com a impossibilidade de autodeterminação de seu quadro de pessoal. É nesse cenário que a FEBEM/MG toma a dianteira para uma discussão nacional da política do Bem-Estar do Menor.

Evoluindo no sentido de uma Instituição completa, a FEBEM reproduziu ao longo de quase duas décadas toda uma estrutura de controle social das crianças e adolescentes em detrimento de sua assistência. Tornar-se mais "completa" pode ser traduzido como cada vez mais fechada e segregativa, perdendo seu objetivo básico de socialização das crianças e adolescentes que se encontravam sob sua responsabilidade.

As estruturas das Unidades Educacionais eram dotadas de escola formal, pequenos hospitais ou ambulatórios, iniciação profissional (quase sempre na área rural para as crianças e adolescentes urbanos) esporte, lazer e cultura.

O então dirigente da FEBEM/MG[1] abre as clausuras da FEBEM à comunidade e convida os educadores e trabalhadores sociais daquela instituição à "desfebenizarem-se". A denúncia de que o binômio "segurança e desenvolvimento" era então interpretado e vivenciado como controle social e crescimento econômico ultrapassa os muros da FEBEM. Executora da PNBEM – Política Nacional de Bem-Estar do Menor, tinha todos os recursos voltados para atividades na qual se

---
[1] Refiro-me ao Prof. Antônio Gomes da Costa, que teve um papel importantíssimo na política Nacional de Assistência, a partir de atos como este.

configurava, nítida, a orientação para o controle social dessas crianças e adolescentes, cujo conjunto de modalidades de atendimento poderia ser resumido pelas seguintes operações básicas: Apreensão? Triagem? Rotulação? Deportação? Confinamento de crianças e Jovens das regiões metropolitanas para o interior dos Estados (COSTA, 1985).

As estatísticas acusavam que 80% dos menores internados no interior eram procedentes da grande BH, especialmente da capital. Dizia seu dirigente:

> Os órgãos do Bem-Estar do Menor devem ser encarados e assumidos não como políticas sociais a serem otimizadas em sua implementação, mas sim, como massas falidas cujo dirigente deve ter o espírito de um síndico na definição do que fazer com a herança trágica de um passado autoritário ainda fresco nos corações e nas mentes de quantos os vivenciamos (COSTA, 1985).

A partir daí um "Plano de Transição Política", crente na "Nova República", é acionado para a desmontagem e reorganização da forma de atuar da FEBEM. A política de desinternamento era o axioma e os "programas em meio aberto", condição fundamental para o acesso das crianças e adolescentes aos bens e serviços. Ainda não se falava em cidadania...

A estratégia de transição foi pensada com mão-dupla: execução direta da Assistência criando formas mais adequadas para o atendimento ao "menor em situação irregular" público pelo qual era legalmente responsável; e pela articulação política junto às autoridades e forças comunitárias na perspectiva de que, contando com apoio técnico e financeiro da FEBEM, criassem e reforçassem as tendências de municipalização e comunitarização da Assistência ao menor.

De posse de todos os dados estatísticos que sustentavam o "plano diretor" de transição política, a FEBEM descobre um público que denominou "irresidente", os hoje chamados "meninos de rua" para os quais se mostravam inadequados seus Programas de Atendimento, embora fosse o público de sua responsabilidade.

A partir daí, a FEBEM/MG, em convênio com outras entidades privadas e filantrópicas, faz sua primeira tentativa de "diagnóstico" da realidade desses meninos e meninas "irresidentes", no seu "Programa alternativo".

Após a abordagem desses meninos nas ruas, nos seus locais de fixação, e mais tarde no chamado "Campo do Lazer", da qual participei diretamente, iniciou-se, pela FEBEM, a montagem do primeiro equipamento para atender aos meninos – A Comunidade Educativa – depois chamada "Rua Ubá". Como todos os programas "alternativos", que padecem de um caráter provisório, informal, marcados pelo acanhamento e improvisação, não se sustentou, embora os resultados do trabalho com um pequeno grupo de meninos e meninas tenha se mostrado positivo.

Foi nesse momento, em 1987, que a equipe responsável por esse diagnóstico da realidade elaborou o primeiro projeto da "Rede de atendimento ao menino(a) de rua". O projeto consistia na inserção "gradativa", progressiva dos meninos na rede de atendimento: Abordagem – Casa aberta – Albergues – Casas Lares – Repúblicas e a "preparação" para o encaminhamento.

Naquela época já nos perguntávamos sobre esse modelo, sobre sua eficácia, sobre o receio de repetir a história de segregação que a FEBEM avaliara por sentir seu peso ao ter criado tantos equipamentos a partir das características destes meninos. Os riscos de desenvolver uma rede que nos capturássemos a todos – meninos e técnicos. Hoje se fala de *rede das redes*,[2] considerando que deve haver lugar para os reincidentes, egressos, os chamados "casos perdidos". Mas ainda assim é necessário não perder de vista os riscos desta captura, pois só há reincidentes, egressos, por que as instituições partem do cliente "ideal". No caso dos meninos, ele é ideal se for de rua – questão que retomarei posteriormente.

O enfoque assistencialista que substituiu o correcional-repressivo se estruturou a partir do que o menino não é, não tem, não sabe, não é capaz. Nesse feixe de carências, a intervenção acaba por se pretender bio-psico-socio-cultural... (Costa, 1985).

Os significantes que cravam no corpo e na história dessas crianças, vão fazendo série: carente – abandonada – delinquente – infratora – menino de rua – menino com trajetória de rua – crianças e adolescentes em situação de risco pessoal e social. A língua vai sendo forçada a inventar os meios de nomear essa produção social injusta e excludente.

Com a aprovação pelo Congresso Nacional, o Estatuto da Criança e do Adolescente, ECA, foi sancionado pelo Presidente da República, tornando-se a Lei 8069 de 13 de julho de 1990.

---

[2] Refiro-me à proposição de Célio Garcia de Rede de Redes. Ver *Jornal do Psicólogo*, ano 18, n. 69, Conselho Regional de Psicologia: Belo Horizonte, março de 2001.

Curiosamente, entretanto, apesar do ECA, é ainda comum as notícias sobre revolta de adolescentes segregados, como na FEBEM de Imigrantes, em São Paulo, palco permanente de motins e rebeliões, inclusive tendo como reféns seus funcionários, chegando inclusive a morte de adolescentes.

Nossa esperança é de que tenha fim a sonegação dos direitos da criança e do adolescente no nosso país.

ENTRE AS MONTANHAS DE MINAS
– A ASSISTÊNCIA À SAÚDE MENTAL

A luta antimanicomial que reúne trabalhadores de saúde mental, instituições diversas, Conselhos Regionais, políticos e a comunidade em geral, se articula em torno da questão da não exclusão, analisando a exclusão e seus efeitos. Efeitos estranguladores da construção da cidadania que cobiçamos. Não podemos deixar de assinalar que esses mecanismos são em mais alta escala utilizados para uma certa classe social.

É preciso perguntar sobre a assistência à saúde mental às crianças e adolescentes. Cirino (1992) reconstrói a história da Assistência no Estado de Minas Gerais.[3] Veremos que, as especificidades tão comumente atribuídas a elas no campo da teoria, foram denegadas ou esquecidas na prática. As instituições asilares de psiquiatrização de crianças, historicamente, não se ocuparam em demarcar distinções no tratamento, em relação ao dos adultos.

No cenário mineiro, antes da fundação do primeiro hospital infantil, já em 1817, existia uma enfermaria para doentes mentais que funcionou na Santa Casa de Misericórdia em São João Del Rei, para doentes de 3 a 90 anos.

Minas foi o último dos grandes Estados brasileiros a criar um hospital psiquiátrico infantil. Em 1903, se iniciam as atividades da Colônia de Barbacena no mesmo ano um que é regulamentada a "Lei de assistência a alienados". Em 1922, foi fundado o Instituto Neuropsiquiátrico de Belo Horizonte, hoje Instituto Raul Soares. Ali já funcionavam pavilhões especiais, lugar de referência para o

---

[3] Parte da história reconstituída aqui foi retirada do texto de Oscar Cirino que faz um trabalho cuidadoso sobre a assistência em Minas Gerais, desde seus primeiros passos. Ver CIRINO, Oscar. O descaminho daquele que conhece, *Fascículo FHEMIG*, n. 7, Belo Horizonte, 1992.

tratamento mental de crianças, confirmado pelo "Regulamento de Assistência a alienados" que propõe: "O Raul Soares destina-se ao recolhimento de alienados pensionistas ou indigentes, quer adultos, quer menores."

Nessa mesma época, fora aprovado o Decreto governamental 7680, "Regulamento de Assistência a menores abandonados e Delinquentes", que queria atingir, além desses, os chamados, por ele,

> "menores pervertidos e anormais". "Consideram-se pervertidos os menores mendigos ou libertinos. São vadios os que vivem em casa dos pais ou tutor e guarda, porém se mostram refratários a receber instrução ou entregar-se a trabalho útil e sério, vagando pelas ruas e logradouros públicos (CIRINO, 1992).

Desse modo, realizava-se o banquete do qual participavam o discurso jurídico e psiquiátrico com um cardápio diversificado, engordando a contradição e o equívoco.

O *Regulamento de Alienados* reserva no Manicômio Judicial de Barbacena um pavilhão para crianças subdividido em duas partes, de acordo com os sexos, para exame de "menores delinquentes e anormais de inteligência". Mais tarde é criado em Barbacena o IPEME – Instituto de Psicopatologia e Estudo do Menor – em convênio com a FUPAC – Fundação Presidente Antônio Carlos, da Faculdade de Medicina de Barbacena – a que retornarei posteriormente.

Em 1927, o governador de Minas assina decreto criando o Hospital Colônia de Oliveira para mulheres, que em 1949 transforma-se em hospital para crianças crônicas ou cronificadas. Em 1941, cria-se o SNDM – *Serviço Nacional de Doenças Mentais*, cujas verbas teriam viabilizado a criação em Minas do Hospital de Neuropsiquiatria infantil – HNPI – e o Instituto de Psicopedagogia, hoje "Centro Psicopedagógico" – CPP.

Em mensagem do governador Milton Campos, em março de 1949, se iniciam as obras de adaptação do antigo Hospital Colônia de Oliveira para ser ali instalado o Hospital de Neuropsiquiatria Infantil, com capacidade para 450 leitos para crônicos. Sua organização é, em linhas gerais, a mesma dos hospitais-colônias de adultos. Os tratamentos baseavam-se fundamentalmente em eletrochoques e psicofármacos, além das tradicionais cordas e quartos fortes. Na escola, atividades de educação física, "ginástica psicológica" e trabalhos manuais dos chamados menores psicopatas ou que *por incurabilidade ou curabilidade* a longo prazo, tinham sido transferidos do Hospital Central (Cirino, 1992).

Com o advento da Fundação Hospitalar de Assistência Psiquiátrica, organizam-se os "comandos de avaliação" que irão prescrever que os menores só poderiam ser internados em Oliveira se triados no HNPI de Belo Horizonte, reduzindo a internação. Os tratamentos no HNPI limitavam-se também a psicofármacos, insulinoterapia e eletroconvulsoterapia.

Em 1964, acontece o desabamento da ala da enfermaria feminina e as meninas são transferidas para o recém inaugurado Hospital Galba Velloso, onde permanecem até 1968. Em 1973, cria-se em área física anexa e como serviço complementar do HNPI, uma unidade psicopedagógica com o objetivo de atender às crianças com problemas de aprendizagem. Fica selado o binômio problemas de aprendizagem – doença mental, no mesmo "balaio" onde se depositavam os problemas de delinquência e abandono.

O HNPI recebe os meninos de Barbacena, personagens dos "Porões da Loucura" de Iram Firmino. "Prisão Medieval, sem príncipe ou rei libertador que nunca desejaram em suas fantasias" (Firmino, 1980*)*.

Desse modo, a unidade psicopedagógica assume também a instituição HNPI, trazendo a proposta de uma assistência mais humana, que, contudo, assume o caráter educativo-pedagógico. Hoje, o CPP também atende em regime de internamento, ambulatório, Hospital Dia, se constituindo ainda na única instituição pública de Minas destinada ao atendimento psiquiátrico de crianças e adolescentes, em regime de internação.

Voltemos à criação do IPEME pelo decreto de n. 18.548 de 16 de junho de 1977, pelo governo de Minas Gerais, consolidando a anterior resolução da Secretaria de Estado de Interior e Justiça, ficando diretamente subordinado ao gabinete do Secretário:

> No Estado de Minas Gerais definiu-se o impasse criado pela inexistência de serviços montados na FEBEM/MG para atendimento ao menor antissocial com doença mental. A Secretaria do Estado do Interior e Justiça compareceu em campo representando o interesse dos juizados de menores e criou o Departamento de Apoio ao juizado de menores, e o IPEME, Instituto de psicopatologia e Estudo do Menor (FUPAC, 1979).

O IPEME – situado em Barbacena, palco dos mais absurdos e conhecidos desastres da "assistência" psiquiátrica em Minas – em convênio com a FUNABEM, FEBEM e Juizados de Menores, "visava à assistência a menores que reuniam três características: estado irregular, infração penal e doença mental, cujos objetivos eram tratamento clínico geral e psiquiátrico em regime de internação nos casos tratáveis; mobilização de pessoal e recursos para pesquisa nos casos em que ainda não existe terapia consensuada; desempenho dos estágios médico-psiquiátrico, psicológico, jurídico e social nas áreas do menor; desempenho dos padrões de escolaridade profissionalizante para a população internada" *(FUPAC, 1979, p. 3)*. Dizia o Presidente do Conselho de Supervisão e Apoio ao IPEME, Bonifácio José Tamm de Andrada:

> O Instituto de Psicopatologia e Estudo do Menor (IPEME) preenche áreas de atividade de relevante significação para o Estado Moderno, e sobretudo, para nosso país, como sejam *a prevenção social*, o tratamento e recuperação do menor de conduta antissocial e características psicopatológicas. Cuida assim, de *agentes criminosos da maior periculosidade, quer pelas condições inerentes ao vigor da idade, quer pelas graves perturbações mentais* que ditam o comportamento e o registro dos acontecimentos dolorosos de que tem participado. [...] O IPEME, em convênio com o Instituto de Assistência Social e Estudos Psicopatológicos (IASEP), realiza uma obra singular, mas polivalente, com atribuição de Centro de Custódia, de núcleo escolar de profissionalização, de hospital psiquiátrico e de campo de pesquisa, visando a obtenção de modelo *de prevenção social* e recuperação de jovens com a tipologia acima citada (ANDRADA, 1979, p. v, grifo meu).

As questões sociais e psiquiátricas eram colocadas num mesmo registro e, como explicitado, não se tratava de escutar a criança ou o jovem, mas definir sua patologia e sua infração, na defesa dos ideais sociais, mantendo uma relação entre loucura e violência, sustentada em valores morais. O discurso sobre a periculosidade da loucura e sua relação com a infração já foi suficientemente tratado por Michel Foucault nas abordagens corretivas sustentadas pelas correntes "psi", deixando-nos constatar os seus efeitos na história – a do dilaceramento da subjetividade. O IPEME, enquanto instituição total, era segregativa e excludente, tendo o mesmo semblante dos hospícios judiciários.

A triagem do "menor" era feita em 7 dias, através do estudo de caso que deveria priorizar dados sobre *a infração e sobre doença mental*. "Se ambos forem positivos, o menor fica no IPEME."

Havia lá, 120 leitos para a internação. No "ingresso", conforme define o "fluxograma de níveis" são feitos os diagnósticos: Psicopatologia e periculosidade; psicometria: QI e psicomotricidade; tratamento paralelo: clínica médica e odontológica.

O tratamento é assim definido no mesmo fluxograma: feito em até 12 meses; Nível 4: psicofarmacologia intensiva, treinamento autógeno, programa psicomotor, grupo psicagógico na regressão, ludoterapia. No nível 3: psicomotricidade, escolaridade, terapia ocupacional, controle farmacológico, psicogrupo. Nível 2: Psicomotricidade, escolaridade, profissionalização, psicogrupo; Nível 1: preparação para alta, contatos com Juizado e outros serviços que compreende: alta clínica, cessação da periculosidade, diplomação escolar, controle e readaptação à vida comunitária e desligamento (FUPAC, 1979, p. 5).

Um quadro geral "tipifica a situação encontrada" com relação aos diagnósticos, entre outros: psicoses alcoólicas, psicoses associadas a infecções intracranianas, psicoses associadas a doenças cerebrais, grupo de psicoses esquizofrênicas, casos não especificáveis, neuroses, personalidades psicopáticas, desvio sexual, dependência a drogas, inadaptação situacional aguda, deficiência mental" (FUPAC, 1979, p. 11).

Nada é mencionado sobre os critérios de definição da periculosidade ou os princípios que norteiam esses diagnósticos preocupados em *tipificar* os jovens, tampouco sobre a história pessoal e social destes.

Do destino destes adolescentes, anos depois da desativação do IPEME, nada se comenta. Como uma ferida narcísica que não tem outro remédio, senão tampar...

Para nós ficam as questões. Sobretudo às que nos remetem ao entrelaçamento histórico entre o discurso psiquiátrico, psicológico, jurídico e pedagógico, que, sem nenhuma cerimônia, promovem muitas vezes a exclusão e as amarras nas quais se sustentam os laços sociais dos chamados "menores infratores" e "doentes mentais" com a internação ou institucionalização, muitas vezes, compulsória, onde ficam silenciados, uma vez retirados de seu grupo de origem. O que aponta para a urgência da definição de um campo ético onde clínica e cidadania possam encontrar enlace.

Demanda social e clínica, uma conjunção irrealizável?

Perguntávamo-nos inicialmente sobre o tom da resposta a ser dada pelos profissionais "psi" à questão dos meninos e a rua, no bojo dos serviços de assistência. Obviamente já delimitei um pouco o lugar de onde quero responder, indicando que não se trata de propor tampouco funcionar como um espelho a fazer com que o sujeito imite nossos gestos, nem mesmo, fazer adaptações grosseiras.

É preciso perguntar, também, como os trabalhadores de saúde mental, influenciados pela psicanálise, poderiam intervir na questão dos meninos e sua relação com a rua, sem contudo sofrer, também ela, uma psicologização.

Antes de nos atermos a essas questões primeiras, ao tom da resposta, faz-se necessário nos ocuparmos um pouco da demanda que nos chega, sobretudo, a demanda social.

No princípio não era o verbo...

Vimos que, historicamente, as medidas de assistência às crianças ditas "carentes, abandonadas, infratoras, em situação de risco pessoal e social", sempre se estruturaram por uma tônica corretivo-adaptativa, ou adaptativo-repressiva, como queiramos chamar.

Para essas crianças e adolescentes, tal como para os loucos, a ordem era a institucionalização, segregação, exclusão do contexto marginalizador, ainda que velada sob o nome de "educação modelar", "ressocialização", "reinserção social". O que correspondia a normatizar, adestrar, operar uma "ortopedia mental". Ordem embrulhada por uma política social de controle ou, no melhor das hipóteses, de assistencialismo.

Hoje, quais são os ventos que sopram?

Do lado de fora dos Programas de Assistência, a mesma demanda é formulada por diversos grupos sociais e pelos cidadãos, individualmente, que esbarram nesses meninos quando transitam nas ruas: a retirada da rua, a apreensão e confinamento. Essa é a medida demandada contra o mal-estar provocado pelo medo de que se desfaça este modo de laço social que é o nosso medo legítimo.

Atualmente os Programas de Assistência são, em sua maioria, "Programas em meio aberto", como prescreve o Estatuto da Criança e do Adolescente – ECA. Resposta que contempla mais a necessidade do menino do que a vontade, podemos dizer, da maioria dos grupos sociais, de um lado, e a receita do Estado, de outro.

São muitas as demandas: dos lojistas, da população, da Igreja, das Instituições. "Retirar da rua", "Torná-los úteis à sociedade", "salvá-los do pecado", "impedir que se tornem irremediavelmente delinquentes", "proteger a população", "limpar a cidade", "reeducá-los". Poderia listar uma infinidade de outras demandas.

Mas é do interior dos Programas de atendimento, dos equipamentos criados para o atendimento – Casas abertas, Casas de Apoio, Casas de Passagem, Albergues, Casas Lares, Repúblicas –, que precisamos pensar as demandas que chegam aos psicólogos e outros trabalhadores de saúde mental, todos chamados de "educadores sociais... de rua".

A análise de alguns aspectos torna-se importante não em tom de denúncia ou crítica, mas para trazer questões para o debate, para convidar ao trabalho, na perspectiva de fazermos avanços.

Dissemos que esses profissionais são chamados a intervir, a dar uma resposta frente a questões que os "meninos de rua" carregam: problemas com furtos, drogas, sexualidade precoce, agressividade, problemas com a lei, o tempo, o espaço. A urgência primeira é de que as coisas andem bem "dentro das casas", diferentemente da rua. Que a droga não seja usada, nem armas, nem objeto de furtos. Que não haja brigas na casa, nem atos de agressão e violência.

Numa leitura mais apressada poderíamos dizer que a instituição demanda desses profissionais uma intervenção nos problemas de "indisciplina" dos meninos. Algo que se formula assim: "É preciso colocar limites nesses meninos. Eles não dão conta de lidar com limites". A falta de limites é a queixa principal daqueles que trabalham com os meninos.

Colocar limites, às vezes, pode ser entendido como "disciplinar".

Outra demanda é de que os psicólogos participem das "oficinas de trabalho"... música, letras, saber, capoeira, iniciação profissional, geração de renda. Mas qual seria o lugar do psicólogo aí? "Zelador" da ordem para que as atividades não sejam inviabilizadas, prejudicadas?

Pede-se, também, que se observem e escutem os meninos. Muitas vezes uma escuta que "forneça dados" da biografia para, somados aos da equipe, compor o "estudo pessoal e social" do menino, instrumento que dá subsídio ao "encaminhamento". Podemos assinalar que muitas dessas demandas são para responder à instituição, ao bom andamento da instituição.

Quando nos perguntamos sobre a resposta a ser dada, ficamos nos debatendo à procura de um campo teórico, de um discurso científico que se aproxime o mais possível desse real vivido por esses meninos. Talvez possamos fazer avanços, se pudermos buscar um outro campo, não mais para "retraduzir" as questões "diferentes" daquelas de nossos clientes usuais, mas que nos possibilite entender o que se passa com esse sujeito e que nos auxilie a intervir. Fazer uma travessia do campo da técnica para encontrarmos, no campo da ética, um lugar, pois é desse lugar que podemos nos perguntar o que queremos quando usamos esse ou aquele instrumento, esse ou aquele procedimento. É desse lugar que podemos nos perguntar, permanentemente, sobre o nosso interesse empenhado no trabalho.

Não se trata de buscar uma teoria e uma técnica verdadeiras para tratar esses fatos, mas pensarmos nosso ato, de acordo com o interesse posto aí. É desse lugar também que podemos construir numa clínica que não se reduza a um código de procedimentos, circunscrito naquilo que se chama *setting*, na relação entre um analista e seu cliente, um momento específico e intimista, em que se entra e fecha-se a porta do consultório.

Aliás, muitos profissionais caem no equívoco de pensar que não podemos fazer clínica nessas instituições públicas ou entidades, por que não há aí um "espaço privado", "sigiloso" e, também, por que a pobreza está em primeiro plano, esquecendo-se de que a pobreza não se reduz à provisão material. Telles (1992) nos diz da experiência da pobreza enquanto uma destituição que vai mais além das privações materiais:

> A destituição material é portanto, resultado de uma destituição mais radical. Destituição de direitos, mas não se resolve nas garantias formais dos direitos definidos em lei. É uma destituição que sequestra o poder da palavra e da ação... (TELLES, 1992, p. 98).

Para nós, há – como já disse antes – a necessidade de pensarmos também no fracasso da provisão libidinal.

Do mesmo modo, se os espaços são coletivos, muitos acreditam que as intervenções devam incidir nos grupos. Parece, às vezes, impensável, por isso, fazer clínica *com um* menino irresidente. Muito mais impensável ainda, uma clínica sustentada na ética da psicanálise.

É também fundada nessa perspectiva que as ações dos profissionais "psi" se transformam em ações puramente educativas ou em ações "psicopedagógicas", embora essa noção não seja formalizada de forma incisiva, como mereceria.

Se a dimensão educativa não está excluída da ação e da intervenção do psicólogo, sua função não pode estar, entretanto, restrita a essa dimensão. Não obstante, se aos psicólogos também cabe a denominação "educadores sociais", é porque ainda não se formalizou sua função no interior desses Programas de Assistência. Haveria uma possibilidade de "ação específica" desses profissionais junto aos meninos com trajetória de vida na rua, diferenciada das ações dos educadores? As ações pedagógicas também realizadas por estes profissionais não viriam ocupar o terreno baldio das ações relativas à psicologia que não estão formalizadas?

É preciso interrogarmo-nos sobre a maneira como entendemos a clínica. Às vezes ficamos à espreita de um discurso "profundo", que traga as "dúvidas e as relações íntimas do sujeito". Se estamos às voltas com os enunciados cotidianos do sujeito que expressam o modo pelo qual o sujeito organiza seu mundo, faz seus laços sociais, estamos fazendo clínica (BEZERRA, 1993).

Temos atos clínicos quando, no oco desses Programas, criamos possibilidade do sujeito se engajar no tratamento dado às suas questões, ou quando o sujeito cassa a sua palavra caçada no bando ou nas instituições. São questões para um debate permanente.

Seria interessante tomarmos uma definição mais ampliada da clínica. Desse termo, clínica. Se utilizarmos essa definição ampliada, podemos pensar que ela não consiste apenas em tomar aquilo que chega até nós na ordem do sintoma, mas, também, considerar aquilo que Freud localizou nos seus últimos trabalhos – o "mal-estar" da cultura (MANDIL, 1993).

Lacan, na "Abertura da Sessão Clínica", nos diz que "a clínica é o real enquanto impossível de suportar" (LACAN, 1981, p. 42). Esse impossível de suportar produzido não apenas pelo sujeito, com seu texto, o sintoma – mas também pela cultura, nos termos do mal-estar. São questões para prosseguirmos trabalhando.

Uma outra questão importante é que, quando uma instituição ou seus componentes deliberam por suturar o mal-estar de seus clientes – seja o mal-estar de seu sintoma ou o mal-estar de sua inserção na cultura – a exclusão, a perturbação da ordem, as dificuldades de laço social – a instituição torna-se, ela mesma, fonte de mal-estar. Muitas vezes, os equipamentos criados pelas instituições (casas, albergues, repúblicas), na tentativa de suturar o mal-estar, passam a ser a fonte do mal-estar. Às vezes, julga-se que esses equipamentos são "visados", "mal recebidos pela comunidade local", por que ali se juntam os meninos de rua, estrangeiros àquela comunidade, ou porque fazem "arruaças", "roubam os cobertores" das casas vizinhas. Isso de fato é problemático. No entanto, seria importante pensarmos em que medida essas reações se devem ao fato de que, esses equipamentos passam a se constituir na fonte de mal-estar, ao tentar suturá-lo... Não é possível para suturar, tampar o mal-estar que esses meninos provocam.

Mandil (1993), em conferência no curso de Saúde Mental, discutia os "princípios de seleção" de que se utilizam os Centros de Saúde, trazendo alguns aspectos interessantes que talvez possam nos auxiliar nesta reflexão. O que me fez pensar: Quais são os princípios ou critérios de seleção usados comumente nesses equipamentos?

Geralmente esses critérios são definidos pela instituição e não pelo que o sujeito traz (MANDIL, 1993). O que faz com que a instituição produza, ela mesma, o cliente ideal... Os meninos que frequentam esses equipamentos, antigos e atuais, são atendidos desde que batam à porta ou sejam encaminhados pela *equipe de abordagem* ou outro equipamento da Rede. *Todos os meninos serão atendidos, desde que sejam "meninos de rua"*. O menino *de rua* passa, desse modo, a ser o "cliente típico" desses equipamentos. Aqueles que se encaixam nos moldes do que a instituição tem a oferecer, o que não deixa de referendar a escolha do sujeito. Quando o princípio de seleção é fundado no ponto em que o sujeito escolheu como objeto de seu gozo – droga, álcool, rua – o que se passa é que se referenda o que o sujeito trouxe como escolha do gozo (MANDIL, 1993). A casa delimita um lugar "há lugar aqui para quem é da rua". Não seria uma forma de perpetuar a tirania deste significante?

Um dos equipamentos criados pela FEBEM para atender aos "meninos de rua" ganhou a denominação de "casa da rua...Ubá". Se *todos* são "meninos de rua", já não se pergunta mais o que é *um* menino de rua...

Alguns educadores passam a ser chamados de *educadores sociais... de rua*. Ora, se até os educadores são de rua, há uma simetria, uma especularidade que torna difícil o processo educativo e impossibilita a intervenção no campo da saúde mental.

É comum educadores e outros profissionais passarem a falar a mesma linguagem, usar os mesmos significantes que os meninos: "fulana não veio porque levou um pau". Diz a educadora. "Pisou na bola, hein, fulano..."

Interessante pensarmos que, embora estes equipamentos sejam criados para atender aos "meninos de rua", é comum escutar, às vezes em tom de queixa ou preocupação, que os bandos não frequentam concomitantemente o mesmo espaço. As justificativas para esse fenômeno são encontradas "fora", na própria organização dos meninos, na rivalidade entre bandos, na lei da rua. Isso, de fato, não podemos negligenciar. A solução para esse problema tem sido buscada no trabalho com as lideranças. Contudo, esse fato nos leva a perguntar: Essa não seria uma crítica em ato aos princípios de seleção ou à própria estrutura dos Programas? Ao insuportável dessa convivência? Afinal, é como se dissessem que se tiver lá, na casa, um espelho, para confrontarem-se todo o tempo com a própria imagem, um outro bando igual, não dá para suportar.

Uma instituição pode funcionar no lugar do fantasma, cuja lógica sutura a divisão do sujeito não permitindo que o sujeito possa advir como resposta do real, do impossível de suportar. Isso, quando no lugar da pergunta do sujeito, aparece a resposta da instituição. Não há lugar para o desejo. Não há lugar para a pergunta que o sujeito deveria se fazer diante do impossível de suportar. A resposta é antecipada.

Não seria justamente por isso que a maioria dos "encaminhamentos" fracassa? O sujeito nem sempre está implicado naquilo que ele diz. Dizer que quer ir para determinado lugar, pode, por que não, ser um pedido colado ao desejo do Outro.

Talvez tenhamos de considerar também um outro aspecto: o próprio encaminhamento. A palavra "encaminhar", no dicionário, quer dizer "guiar, dirigir, conduzir, orientar, fazer seguir os trâmites legais", mas também, "por no bom caminho, dispor-se, resolver" (Ferreira, 1986, p. 641). É certo que a criança e também o adolescente, necessitam de um Outro que possam acolhê-los, guiá-los, responder perguntas, tratar com eles o destino a ser tomado. Mas nunca sem a implicação do sujeito. Temos mostras na clínica de como as anoréxicas dizem com seu sintoma, um "não" à demanda do Outro, beirando à morte; ou como um fóbico, com sua fobia faz frente à angústia que provoca o desejo do Outro e, temos mostra nos Programas de Assistência de como o sujeito recua quando ele não está engajado no tratamento dado pela instituição, às suas questões.

Muitas vezes também, o menino ou a menina são encaminhados, mas ninguém os espera... Não há um endereçamento a alguém na instituição, na ONG, por exemplo, que tenha rosto, nome, voz, o que faria diferença. Ou, às vezes, no lugar do educador de referência, deveria estar o *educador de transferência* – tomando o termo transferência como um operador clínico proposto por Freud e Lacan. São questões para tratarmos cotidianamente.

É importante, para pensarmos a questão do *encaminhamento* ou até mesmo da "livre oferta" nos equipamentos, nos ocuparmos em diferenciar necessidade, demanda e desejo... às vezes, reduz-se um registro ao outro. Não é verdade que encontraríamos o "melhor critério", mas esse fato não deixa de nos incitar a discutir e buscar o refinamento desses princípios.

Os Programas criam casas para atender aos "meninos de rua", mas, não raro, estão equipadas para lidar com o menino que não leva droga ou não vá drogado; não leve furtos, ou armas, nem seja agressivo ou violento. O mal-estar produzido pela rua e na rua não fica lá fora quando se fecham as portas da casa, do albergue... Entra com o sujeito. Obviamente que não se trata de se "armar até os dentes", mas são questões para pensarmos, nas estruturas que criamos, fundadas nos "traços" do cliente...

É comum escutar um educador ou um outro profissional dizer ao menino: "Aqui não pode entrar drogado. Amanhã você vem sem droga". Isso é dito do interior da casa, muitas vezes. Trata-se então, desse modo, da impostura da lei. Muitas vezes, o menino retorna com o que é "proibido" na tentativa de fazer valer a lei.

São questões que nos convocam a pensar na posição que tornamos frente ao dizer do sujeito. O que o sujeito fala pode ter sortes diversas de acordo com a posição que toma aquele que escuta... E muitas vezes não depende da "boa vontade" daquele que escuta, mas da argumentação ou do instrumento de que dispõe e, mais essencialmente, do lugar ético daquele que escuta. Esta distinção da posição frente ao que se escuta é preciso que se faça constantemente. Afinal, pode-se escutá-lo do lugar do juiz. Daquele que julga os comportamentos e atitudes a partir dos valores e do ideal social. Ou escutá-lo do lugar do condescendente, aquele que justifica as ações do sujeito a partir daquilo que o determina – sua condição social, sua estrutura ou desestrutura familiar, escolaridade etc. – sem interrogar a posição que o sujeito tem diante daquilo que o determina. Também é possível escutá-lo a partir dos ideais religiosos, como alguém que pode ser o mediador da salvação do outro. Pode-se escutá-lo do lugar do mestre, daquele que tudo sabe sobre sua condição e passa a definir o destino do sujeito sem que ele próprio participe.

Esses são modos de escutar, não raros assim, que deixam fora o sujeito. Existe porém uma escuta que, fundada na ética, faz surgir o sujeito interrogante de sua condição e implicado no seu destino, na medida em que se engaja no tratamento dado às suas questões. A primeira modalidade de escuta leva a considerar a relação transitiva entre o sujeito e o outro, enquanto esta última torna o sujeito ativo, analisante de sua história, de suas desventuras. Aí o sujeito é o verdadeiro operador e, antes dos psicólogos se perguntarem "o que podemos fazer por ele?", cria-se a possibilidade de uma outra pergunta: "o que ele vai fazer para sair deste lugar?" (VIGANÒ, 1997). Estas são questões que precisamos seguir trabalhando.

A RUA QUE MORA NOS MENINOS...

O abandono em que vivem estas crianças e adolescentes na rua coloca muitas questões aos educadores e profissionais que lidam com eles. Prevalece o desejo de que eles "saiam" da rua, retornem às suas famílias, restabeleçam e fortaleçam os laços que perderam na rua, voltem à escola. Um número muito significativo deles, através dos chamados "encaminhamentos", consegue este retorno.

É importante, porém, escutar que os meninos fazem da rua a casa, CASARUA, criam uma nova topologia, uma estrutura de continuidade. Retirar da rua, ter a casa sem a rua, implica no mesmo aprisionamento. Convém introduzir um "e", criar um novo modo de transitar entre a casa e a rua. Trabalho que se faz no mais além da tarefa pedagógica, na escuta atenta ao modo subjetivo de cada um ter sido atravessado por essa experiência.

A realidade atual, em Belo Horizonte, do Programa da Prefeitura Municipal, o *Programa Miguilim*, é importante ser ressaltada. Muitas questões, aparentemente simples, foram tratadas e superadas. Outros Programas de Assistência espalhados pelo Brasil contam com avanços no trato das questões, mas também com muitos impasses.

As crianças e adolescentes, por exemplo, já não andam dependuradas nas traseiras de ônibus, mas usam o coletivo comum. Uma nova modulação do tempo é perceptível, pois a dispersão da rua já não é tão grande, pois ali se encontram os educadores sociais de rua – as equipes de abordagem, sempre atentas ao que se passa. Os meninos têm conhecimento da *Rede de Atendimento* e das formas de chegar aos Equipamentos disponíveis na cidade. Alguns procuram espontaneamente os Conselhos Tutelares para serem encaminhados à *Casa de Passagem*... Eles têm um *Pronto Atendimento*, pelo chamado *Educador de Referência*. Os meninos já não adulteram tanto o próprio nome para os educadores, com quem eles têm uma relação afetiva. Cerca de 65% das crianças e adolescentes aderem à proposta do Programa – *aceitam sair da rua*. Os bandos foram, na sua maioria, dissolvidos. Muitos meninos passaram do bando à Banda... Miguilim. A Banda é um sucesso e suas apresentações em eventos públicos causam surpresa aos amantes da percussão.

Entretanto, cerca de 150, 200 crianças ainda vivem nas ruas do centro de Belo Horizonte, apesar, inclusive, da promoção da família, realizada pelos Programas de Assistência.

Os educadores ainda encontram muitos desafios. Os meninos continuam, apesar de toda oferta de assistência em vários níveis, a usar de estratégias violentas como furto de correntinhas de ouro – que são arrancadas do pescoço das mulheres transeuntes – relógios, dinheiro, às vezes, portando como armas, cacos de vidros. O produto do roubo fica sobre a proteção dos adultos que vivem nas ruas. O tráfico de drogas realizado por alguns adolescentes é velado. Em relação às meninas, a prostituição não é explícita, mas é vivida com os próprios "meninos de rua" e com outros homens.

Os equipamentos dos Programas de Assistência ainda são arrombados e quebrados em situações de conflito. Esses meninos e meninas, na transferência, fazem apelo a uma escuta com essas atuações.

Muitos têm ainda uma relação de barganha com policiais – dão algo em troca da liberdade – o que passa a significar para eles que são impunes, pois não se faz cumprir a lei.

Um dos grandes desafios é o do cuidado com o corpo. Eles não querem se cuidar. Em relação às meninas, os cuidados na vivência da sexualidade ainda são negligenciados, segundo os educadores. Outro desafio é a relação com a escola. Alguns até demandam um retorno, mas não suportam as exigências e evadem. As agressões e violências entre eles são intensas e constantes, assim como com outros. O uso de drogas – *tinner* e *crack* – é intenso.

A grande flutuação dos meninos e meninas dificulta as ações educativas. É preciso seguir nos perguntando: Porque recusam os cuidados com o corpo? Porque mesmo tendo as ofertas dos Programas de Atendimento, mantêm a relação com o objeto na ordem do rapto, do sequestro? Porque ainda arrombam os equipamentos?

A relação do sujeito com o corpo, a partir da teoria de Freud, resta sempre como um de seus maiores sofrimentos. Na clínica, testemunhamos isso com as histéricas e com os psicóticos. Nos Programas de assistência, com os meninos e meninas irresidentes. O corpo, ao mesmo tempo em que é familiar, é profundamente estranho ao sujeito, desde seus primeiros movimentos. No seu trabalho *O mal-estar da civilização* (1930[1929]), Freud nos diz que nossas possibilidades de felicidade são restringidas pela nossa própria constituição e o sofrimento nos ameaça através de três direções, sendo uma delas, o nosso próprio corpo: "Condenado à decadência e à dissolução, e que nem mesmo pode dispensar o sofrimento e a angústia como sinais de advertência" (FREUD, 1976, p. 95). Com Lacan, podemos ler o corpo como o lugar do Outro,[4] uma vez que, desde sua origem o Outro ali inscreve a marca significante.

Nos balanços do tempo de movimento da estrutura – a infância, a adolescência, a maturidade, a velhice – o sujeito, cada um a seu modo, precisa "se haver" com o seu corpo... Brincando um pouco com essa expressão, digamos que precisa se ver... e Há...ver, no sentido de dar-se conta de que há um corpo, de que tem um corpo. Isso passa pelo outro, desde os primeiros momentos de conquista da imagem pela criancinha ainda de colo – corpo que ela vê com alegria uma vez identificado já com um traço do desejo desse outro assentido com o olhar.

Não é fácil para a criança, pois isso exige um trabalho psíquico de subjetivar o vazio entre o corpo e a imagem. Ao adolescente, depois cabe se defrontar com as modificações no Real do corpo que provocam um encontro traumático. Questões que ganham uma nova significação quando se trata dos meninos e meninas irresidentes, uma vez que as questões que deveriam ser tratadas no espaço privado, são extravasadas para o espaço público; na medida também em que não há um Outro que lhes faça demandas em relação aos cuidados com o corpo. O Outro que lhe chega é comumente aquele do "uso e do abuso". Um Outro que lhes confira significações, responda-lhes perguntas. Quando acontece de surgir o educador, na transferência, os meninos e meninas mostram em cena o descuidado do Outro, seu descaso.

Morando na rua, as experiências mais simples de contato com o corpo, como as de escolher uma blusa, uma calça, um vestido, um

---

[4] Ver LACAN, Jacques. O Seminário, *A Lógica do Fantasma*, inédito, aula 10/05/1961.

sapato, um xampu, tudo isso, fica excluído. Ou recebem nas instituições ou sequestram dos outros nas ruas.

Da mesma maneira é a relação com o objeto, da ordem do rapto, do sequestro. Um trabalho de escuta é necessário para possibilitar ao sujeito o tratamento desse Outro que ele tem o ímpeto de furar ou descompletar através da violação de seus objetos.

Assim, podemos escutar que a ações educativas, que são importantes no sentido de possibilitar a produção de um saber, encontram seu limite. Estes são campos nos quais a subjetividade, entranhada nas questões com o corpo e com o objeto, impõem um trabalho de escuta. Só isso não seria suficiente para que os meninos e meninas sejam acolhidos pelo profissional de saúde mental?

Não obstante, precisamos nos perguntar porque muitos destes meninos não conseguem deixar de morar na rua ou porque muitos deles, embora passem pelos dispositivos oferecidos pelos Programas de Assistência, façam sua "saída da rua", – um "movimento não-rua" como se diz em Belo Horizonte – eles retornam a rua. No dizer do Diretor Pedagógico do Programa Miguilim,[5] o desafio tem sido menos a saída da rua – pois muitos meninos têm esse sonho – mas sustentar o retorno à família. "Surgem desafios que eles não conseguem superar".

Muitos já estão nas ruas, após o retorno, na condição de jovens-adultos e passam a substituir os líderes de bando. Eles não têm as retaguardas dos Programas, posto que já são maiores, nem tampouco se integram à população de rua, os chamados "maloqueiros". Aglutinam em torno deles, "os meninos de rua". As chamadas "paradas" – ato de depositar em algum bueiro o produto de furtos – são substituídas pela entrega dos furtos a esses jovens que vivem na rua. Algumas jovens mulheres passam a ser conhecidas como "mãe de rua".

Eu dizia em alguns momentos deste livro que é preciso estarmos atentos ao fato de que estas crianças e adolescentes que vão viver na rua, o fazem, depois de um *rompimento drástico*, no lugar de uma separação. A separação implica um trabalho, um trabalho simbólico onde o sujeito acede ao desejo, como suporte, como forma de suportar uma separação do Outro. O rompimento, no dicionário, tem múltiplos sentidos: "despedaçar", "fazer em pedaços", "violar", "transgredir", "partir", "quebrar", "penetrar com violência",

---

[5] Dados fornecidos por Marcos Aníbal, na época, Diretor pedagógico do Programa Miguilim, da Prefeitura Municipal de Belo Horizonte.

"opor-se", "reagir", "sair com ímpeto", "resistir", "desfazer ligação amorosa". O rompimento é bruto e o efeito deste rompimento é a angústia, que o sujeito atua.

Talvez o trabalho mais importante junto a cada um destes meninos e meninas seja possibilitar um tratamento a essa questão, abrindo possibilidade de um trabalho de separação, para, então, possibilitar um novo encontro, um novo enlace com a família.

Uma questão importante é não tomar o apego destes jovens à rua simplesmente pela liberdade que a rua promove, tampouco pelas facilidades de sobrevivência, sem trabalho ou, ainda, pelo alheamento e descumprimento reiterado da lei. É necessário considerar também a rua como um *deslocamento* (*Verschiebung*) *de uma cena*.

Trago o conceito de deslocamento elaborado por Freud, desde 1900, no capítulo V da *Interpretação dos sonhos*. Freud o considera como uma das funções básicas do funcionamento psíquico, na medida em que se trata aí de fazer deslizar, desviar a energia psíquica para determinadas direções ou rotas interligadas. Freud assim o compreende inicialmente:

> é um processo psicológico graças ao qual um incidente insignificante chega a substituir fatos psíquicos significativos. [...] Vendo esse processo, parece que tudo se passa como se houvesse um deslocamento – digamos, da ênfase psíquica – por meio de elos intermediários; dessa forma, as representações que originalmente tinham somente uma débil carga de intensidade recebem uma carga de representações que eram originalmente investidas (FREUD, 1972, p. 187).

Freud segue dando uma série de exemplos do cotidiano. Quando uma solteirona solitária transfere sua afeição para animais ou um solteirão se torna um entusiástico colecionador, quando um soldado defende um farrapo de pano colorido – uma bandeira – ou quando, em *Otelo*, um lenço perdido precipita uma explosão de cólera – tudo isso são exemplos de deslocamentos psíquicos.

Assim, digo que se trata, para esses meninos e meninas, de deslocar situações e experiências traumáticas vividas em casa para a rua. Mais que um apego aos atrativos que a rua oferece, sua permanência lá se deve a uma necessidade de estrutura.

"Sai de casa por causa de meu padrasto. Toda vez que minha mãe saia ele tentava me comer. Reclamei pra minha mãe e ela não fez nada. Vim embora, não volto mais para casa. Prefiro a rua [...]

Não é uma escolha fácil." Diz a adolescente. Na rua ela foi obrigada a suportar "as taras dos clientes e ataques sexuais até de policiais que se acham no direito de ter relações sem pagar".

Do pai à turma... do padrasto aos homens que deveriam sustentar uma lei... do homem conhecido aos homens desconhecidos. O trauma reaparece ali com o rosto desvelado. O sujeito desloca a cena e faz a *repetição* – outra estratégia do sujeito para trazer as questões do encontro com o real. O trauma insiste em se fazer lembrar.

É possível que "sair" da rua implique um trabalho do luto – esse que não se fez quando da "expulsão" da casa –, para que uma operação de separação se faça. Tomo aqui o trabalho do luto nos mesmos termos em que Freud o elaborou. Primeiro escutando que é um trabalho "do" luto[6] e não, de luto. Ou seja, o luto é um trabalho que se dá, podemos dizer, à revelia do sujeito. Freud nos diz que ele consiste na evocação e no investimento de cada lembrança e expectativa isolada através das quais a libido está ligada, para depois se fazer o desligamento de cada uma delas. Ele diz ainda, que é um trabalho demorado (FREUD, 1917[1915], p. 277).

Para concluir, deixo uma questão. Como possibilitar, junto a esses meninos e meninas irresidentes, com trajetória de vida na rua, uma intervenção *na dimensão educativa, clínica e política?*

É necessário que qualquer dispositivo criado para dar tratamento às questões destas crianças e adolescentes promova um enodamento entre as três dimensões, sem permitir que uma venha diluir a outra – risco sempre presente nas instituições.

Uma dimensão educativa, porque é necessário, dentre outras múltiplas razões, que o saber que esses meninos e meninas produzem na rua, seja usado por eles a seu favor e não, contra eles. É preciso que haja um que oriente, que responda perguntas, que lhes enderece demandas, que os acolha em seu desamparo.

Uma dimensão política, porque esse abandono em que vivem retrata a sociedade moderna excludente e injusta que continua produzindo, aos montes, meninos para "viverem" nas ruas. Uma sociedade que abandona as suas crianças e não abandona a injustiça social; uma nação que recrudesce a pobreza na exata medida em que deixa nas mãos de um pequeno grupo social a concentração da riqueza.

---

[6] Ver FREUD, S. *Luto e melancolia*, Edição Standard das Obras Completas de S. Freud, vol. XIV, 1976, p. 277.

Uma nação onde os direitos de cidadania são negligenciados encontra sua viva expressão na face destas crianças.

Uma dimensão clínica, porque são crianças e adolescentes perturbados, embrutecidos, desorientados, enlouquecidos pelos maus-tratos a que foram submetidos e que, na rua, são permanentemente repetidos.

> A marca comum a estas vidas é terem sobrevivido a situações insuportáveis, situações em si perturbadoras. Mas há ainda um acréscimo que vamos ressaltar, porque é fundamental nas nossas hipóteses de trabalho: estas crianças vêm de lares miseráveis, que não foram competentes nas funções básicas, mas, sobretudo, são crianças abandonadas. Não são quaisquer crianças pobres de uma grande cidade violenta. O abandono é a marca de um desejo de morte que encontra nas ruas sua reduplicação ao infinito, num voto de destruição que parte da sociedade (MAIA; FÉRES, 2000, p. 118).

Mas, sobretudo, porque são crianças e adolescentes que, mesmo embrutecidos pela vida que levam, têm uma grande vocação para o amor. Testemunho disso é a relação que estabelecem com os educadores e com os *considerados*.

Talvez possamos recorrer à formulação do *nó de borromeu*, proposto por Lacan. Na amarração de três registros, não há intercessão ou interposição entre um e outro registro. Eles se sustentam sem, contudo, confundirem-se. Formado por três círculos, sua estrutura consiste em que, cortando um deles, não importa qual, os outros dois se desenlaçam. O nó empresta unicidade a cada um dos registros. O "um" é a medida comum, especificando cada um deles, ao mesmo tempo em que a concatenação dos registros na sua interdependência recíproca, evita que se considere em separado cada um deles, posto que funcionam em uníssono. A função de um é necessária à nodulação do outro.

Freud, em 1910, no texto *Contribuições para uma discussão acerca do suicídio*, referindo-se àqueles que cuidam das crianças e dos jovens nos diz que sua função é de *dar-lhes o desejo de viver e lhes oferecer apoio e amparo, além de despertarem seu interesse pela vida e pelo mundo exterior* (FREUD, [1910] 1970, p. 218).

Talvez resida aí nestas recomendações, o fundamento de todo o trabalho com estas crianças e adolescentes.

Referências bibliográficas

ALTENFELDER, Mário. O Menor e a Segurança Nacional. In: *Segurança e Desenvolvimento*. Rio de Janeiro: ADESG, n. 51, 1973.

ANDRADA, José Bonifácio. Tamm. *Revista da Fundação Presidente Antônio Carlos*, Barbacena: FUPAC/MG, ano 1, 2º semestre, 1979.

ARENDT, Hanna. *Entre o passado e o futuro*. São Paulo: Editora Perspectiva, 1972.

BACHELARD, Gaston. *A poética do espaço*. São Paulo: Martins Fontes, 2000.

BARROS, Manoel. *Ensaios fotográficos*. Rio de Janeiro: Record, 2000.

BEZERRA, Benilton. *Conferência no Curso de Especialização em Saúde Mental da ESMIG*. Belo Horizonte, 1993.

BEZERRA, Benilton. *Conferência no Curso de Saúde Mental da ESMIG*. Belo Horizonte, 1993.

CABRAL & PAULUCE. *Psicanálise e Saúde Mental*, 1992, mimeo.

CALCANHOTO, Adriana. Roleta Russa. In: *A fábrica do poema*. [Cd]. Columbia, 1994.

CIRINO, Oscar. O descaminho daquele que conhece. In: *Da psiquiatria infantil à Clínica da criança*. Belo Horizonte: Fascículo FHEMIG, n. 7, 1992.

COSTA, Antônio Carlos Gomes. *Plano de transição política da FEBEM*. Belo Horizonte, 1985. Inédito.

CUNHA, Antonio Geraldo. *Dicionário Etimológico da Língua Portuguesa*. Rio de Janeiro: Nova Fronteira, 2. ed. 1986

DAMATTA, Roberto. *A casa e a rua*. Rio de Janeiro: Editora Guanabara, 4. ed., 1991.

DIMENSTEIN, Gilberto. *Meninas da noite*. São Paulo: Editora ética, 5. ed., 1992.

DOCUMENTO DA FUNDAÇÃO JOÃO PINHEIRO. Belo Horizonte, 1978. Inédito.

ESTATUTO DA CRIANÇA E DO ADOLESCENTE. Ministério da Saúde, Ministério da Criança, Projeto Minha Gente. Brasília, 1991.

FERREIRA, Aurélio B. de Holanda. *Novo Dicionário da Língua Portuguesa*. 2. ed. Rio de Janeiro: Editora Nova Fronteira, 1986.

FERREIRA, Aurélio B. H. *Novo Dicionário da Língua Portuguesa*. Rio de Janeiro: Nova Fronteira, 1986.

FERREIRA, Aurélio Buarque de Holanda. *Dicionário da Língua Portuguesa*. Rio de Janeiro: Editora. Nova Fronteira, 1975.

FERREIRA, Tânia; GUIMARÃES, Maria Rita; BRITO, Merry Maria Mercedes. Projeto de Atendimento aos Meninos e Meninas de Rua. Secretaria Municipal de Saúde da Prefeitura de Belo Horizonte, 1993, mimeo.

FIRMINO, Hiram. Conhecendo um outro inferno, só de crianças. *Jornal Estado de Minas*. Belo Horizonte, 15/07/1980.

FREITAS, Luiz Alberto P. *As identificações na obra de Freud*. Rio de Janeiro: Publicação da Biblioteca de Psicanálise, 1999.

FREUD, Sigmund. Contribuições para uma discussão acerca do suicídio. In: *ESB*, v. XI, Rio de Janeiro: Imago Editora, 1970.

_____. Interpretação dos sonhos. *ESB*, v. IV, Rio de Janeiro: Imago editora, 1972.

_____. Escritores criativos e devaneio. *Edição Standard das Obras psicológicas Completas de S. Freud*, v. IX. Rio de Janeiro: Imago editora, 1976.

_____. O mal-estar na civilização. *ESB*, v. XXI. Rio de Janeiro: Imago, 1976.

_____. Romances Familiares. *ESB*, v. IX. Rio de Janeiro: Imago Editora, 1976.

_____. O problema econômico do masoquismo. *ESB*, v. XIX. Rio de Janeiro: Imago editora, 1976.

_____. Totem e Tabu. *ESB*, v. XIII. Rio de janeiro: Imago editora, 1976.

_____. Psicologia de grupo e análise do eu. *ESB*, v. XVIII. Rio de Janeiro: Imago editora, 1976.

_____. Luto e melancolia. *ESB* v. XIV. Rio de Janeiro: Imago editora, 1976.

_____. Três Ensaios sobre a teoria da sexualidade. *ESB*, v. VII. Rio de Janeiro: Imago, 1980.

FREYRE, Gilberto. *Casa Grande e Senzala – Formação da família brasileira sob o regime da família patriarcal*. São Paulo: Círculo do Livro, 2. ed., 1978.

GARCIA, Célio. Rede de Redes. *Jornal do Psicólogo*, ano 18, n. 69. Belo Horizonte: Conselho Regional de Psicologia, março, 2001.

GRAMON-LAFON, Jeanne. *La topologia básica de Jacques Lacan*. Tradução de Irene Agoff. Bueno Aires, Argentina: Nueva Visión, 1997.

LACAN, Jacques. *L' Étourdit*. *Texto inédito*. Circulação pela Biblioteca Freudiana de Paris.

LACAN, Jacques. *Seminário Livro 11. Os quatro conceitos fundamentais da Psicanálise*, tradução M. D. Magno. Rio de Janeiro: Jorge Zahar Editor, 1985.

_____. Apertura de la Sección clínica. *Revista Ornicar?*, n. 3, Espanha, Graficas Porvenir, 1981.

LACAN, Jacques. Conferência em Ginebra sobre el sintoma [1975]. In: *Intervenciones y textos 2*. Buenos Aires: Manantial, 1988.

_____. Duas notas sobre a criança. In: *Revista Ornicar?*, n. 37, Espanha, Gráficas Porvenir, 1986.

_____. Introdução teórica às funções da Psicanálise em criminologia. Tradução Vera Ribeiro. In: *Escritos*. Rio de Janeiro: Jorge Zahar editor, 1998.

_____. *O Seminário - Livro 8 - A Transferência*. Tradução Antonio Quinet. Rio de Janeiro: Jorge Zahar editor, 1992.

_____. O tempo lógico e a asserção de certeza antecipada. In: *Escritos*. Tradução Vera Ribeiro. Rio de Janeiro: Jorge Zahar editor, 1998.

_____. Seminário *"A angústia"*. Inédito.

_____. Seminário *"A lógica do fantasma"*. Inédito.

_____. *Seminário Livro 11. Os quatro Conceitos Fundamentais da Psicanálise*. Tradução M. D. Magno. Rio de Janeiro: Jorge Zahar Editor, 1985.

_____. *Seminário Livro V. As formações do Inconsciente*. Tradução Vera Ribeiro. Rio de Janeiro: Jorge Zahar editor, 1999.

_____. *Seminário Livro V. As formações do Inconsciente*. Tradução Vera Ribeiro. Rio de Janeiro: Jorge Zahar editor, 1999.

_____. Subversão do sujeito e dialética do desejo. In: *Ècrits*. Paris: Editions Du Seuil, 1966.

LAGE, Stélio. Nomes e renomes entre os bandidos. In: *Jornal de Psiquiatria do Instituto Raul Soares*, 1992.

LOBOSQUE, Ana Marta. Rouba-se uma criança. In: FERREIRA, Tânia. *Os meninos e a rua: uma interpelação à psicanálise*. Belo Horizonte: Fascículo FHEMIG, n. 9, 1993.

MAIA, Elisa Arreguy; FÉRES, Nilza Rocha. *Meninos na rua: uma intervenção*. Belo Horizonte: Prefeitura Municipal de Belo Horizonte, 2000.

MANDIL, Han. *Conferência no curso de Saúde Mental da ESMIG*. Belo Horizonte, junho de 1993.

MELMAN, Charles. *Alcoolismo, delinquência, toxicomania: uma outra forma de gozar*. São Paulo: Escuta, 1992.

POMMIER, Gérard. *A ordem sexual: perversão, desejo e gozo*. Rio de Janeiro: Jorge Zahar Editor, 1992.

PORGE, Erik. *Os nomes do pai em Jacques Lacan*. Tradução Celso Pereira de Almeida. Rio de Janeiro: Companhia de Freud, 1998.

RABINOVICH, Diana. *Uma clínica de la pulsión: las impulsiones*. Argentina: Editora Manantial, 1989, p. 15.

RABINOVICH, Solal. *Textos psicanalíticos – Coletânea*. Edições Pirata, junho de 1998.

RAGO, Margareth. *Do cabaré ao lar: a utopia da cidade disciplinar*. Rio de Janeiro: Paz e Terra, 1985.

RASSIAL, Jean-Jacques. *O adolescente e o psicanalista*. Rio de Janeiro: Companhia de Freud, 1999.

REGULAMENTO DE ASSISTÊNCIA A MENORES ABANDONADOS E DELIQUENTES. Belo Horizonte: Imprensa Oficial, 1927.

REVISTA DA FUNDAÇÃO PRESIDENTE ANTÔNIO CARLOS – FUPAC. Barbacena, MG, ano 1, 2º semestre, 1979.

RUFFINO, Rodolpho. Sobre o lugar da adolescência na teoria do sujeito. In: RAPPAPORT, Clara (org.). *Adolescência: Abordagem psicanalítica*. São Paulo: EPU, 1993.

SILVA, Maria Cristina C. Ato delinquente e Adolescência, Vicissitudes de uma Travessia. In: *Adolescência: entre o passado e o futuro*. Porto Alegre: Artes e Ofícios, 1999.

TELLEs, Vera da Silva. *A cidadania inexistente: incivilidade e pobreza. Um estudo sobre trabalho e família na grande São Paulo*. Tese de Doutorado, Departamento de Sociologia, USP, 1992.

TENDLARZ, Silvia Elena. *De que sofrem as crianças? A psicose na infância*. Rio de Janeiro: Sette Letras, 1997.

VELOSO, Caetano. A Terceira Margem do Rio. In: *Circuladô Vivo* [CD]. Universal Music, 1992.

VIGANÒ, Carlo. A construção do caso clínico em saúde mental. Conferência proferida em Belo Horizonte, 1997. Estabelecida por Maria Mercedes Merry Brito em colaboração com Leonardo Quintão.

Bibliografia

AMORIM, Marília. Um Estrangeiro do Interior: Reflexões Sobre a Pesquisa Com Meninos de Rua. In: *Arquivos Brasileiros de Psicologia.* v. 48, n. 2. Rio de Janeiro: UFRJ/Imago/CNPQ, 1996.

CUNHA, Antonio Geraldo. *Dicionário Etimológico da Língua Portuguesa.* Rio de Janeiro: Editora Nova Fronteira, 2. ed., 1986.

DIMENSTEIN, Gilberto. *Meninas da noite.* São Paulo: Editora Ática, 5. ed., 1992.

FÉRES, Nilza Rocha. "Meninos e Meninas na Rua". Eles fazem o que sabem, mas não sabem. In: *Revista Psicologia: Ciência e Profissão,* Ano 18, n. 2, Brasília: Conselho Federal de Psicologia.

FERREIRA, Tânia. Os meninos e a rua: O Psicólogo e os impasses da Assistência. In: *Psicologia: Ciência e Profissão,* Ano 20, n. 1, Brasília: Conselho Federal de Psicologia, 2000.

FERREIRA, Tânia. *A escrita da Clínica: Psicanálise com Crianças.* Belo Horizonte: Editora Autêntica, 2. ed., 2000.

FERREIRA, Tânia; SANTOS, Eloísa Helena. *Trabalho por quê? Sistematização do Programa Geração de Trabalho.* Belo Horizonte: Segrac, 1996.

MAIA, Reinaldo Muniz. *Plano de Redefinição da Estratégia de Implantação do Programa Miguilim.* Belo Horizonte, mimeo, 1998.

PRIORE, Mary Del. *História da Criança no Brasil.* 4. ed. (Coleção Caminhos da História). São Paulo: Contexto, 1996.

SILVESTRE, Danielle. Sur le statut du Corps dans la Psychanalyse. In: *Revista Ornicar?,* n. 41, Paris, 1981.

TUNDIS, Silvério Almeida; COSTA, Nilson do Rosário. *Cidadania e Loucura: políticas de saúde mental no Brasil.* (Orgs.). 3. ed. Petrópolis: Vozes/ABRASCO, 1992.

ZALUAR, Alba. *Cidadãos não vão ao paraíso.* São Paulo: Escuta / UNICAMP, 1994.

Este livro foi composto com tipografia Palatino
e impresso em papel Off-White 70g/m² na Formato Artes Gráficas.